마케팅의 시크릿 코드

마케팅의 시크릿 코드

잘나가는 최고마케팅경영자CMO의 비밀노트

● 홍성태 지음 | 지두리 그림 ●

위즈덤하우스

마케팅의 시크릿 코드

초판 1쇄 발행 2010년 11월 26일   초판 7쇄 발행 2014년 7월 4일

지은이 홍성태   **그린이** 지두리   **펴낸이** 연준혁

출판 2분사 분사장 이부연
2부서 편집장 박경순
디자인 이세호

제작 이재승

펴낸곳 (주)위즈덤하우스   **출판등록** 2000년 5월 23일 제13-1071호
주소 경기도 고양시 일산동구 정발산로 43-20 센트럴프라자 6층
전화 031)936-4000   **팩스** 031)903-3893   **홈페이지** www.wisdomhouse.co.kr
출력 엔터   **종이** 월드페이퍼   **인쇄·제본** 현문인쇄

값 13,000원   ISBN 978-89-6086-268-5 13320

* 잘못된 책은 바꿔드립니다.
* 이 책의 전부 또는 일부 내용을 재사용하려면
  사전에 저작권자와 (주)위즈덤하우스의 동의를 받아야 합니다.

국립중앙도서관 출판시도서목록(CIP)

마케팅의 시크릿 코드 = Secret code of marketing : 잘나가는
최고마케팅경영자(CMO)의 비밀노트 / 홍성태 지음 ; 지두리 그림.
-- 고양 : 위즈덤하우스, 2010
 p. ; cm

ISBN 978-89-6086-268-5 13320 : ₩13000

마케팅[marketing]

325.5-KDC5
658.8-DDC21   CIP2010004231

미국 마케팅학회American Marketing Association가 정의하듯 마케팅의 본질을 교환exchange이라고 본다면, 우리 주변에 마케팅 활동과 관련되지 않는 것은 거의 없다. 상품을 팔고 돈을 받는 교환활동에서부터 질병을 고쳐주고 치료비를 받는 의료행위와 등록금을 받고 지식을 전해주는 교육 사업은 물론, 심지어 구애를 하는 순간에조차 사람들은 반대급부를 기대하며 무언가를 팔고 있는 것이라고 볼 수 있다.

일찍이 스코틀랜드의 유명 작가인 로버트 스티븐슨Robert Stevenson은 "모든 사람은 무엇인가를 팔고 있다."라고 말한 바 있다. 마케팅 활동이 우리 삶과 밀접한 관계를 갖고 있음을 시사해준다.

'마케팅'이란 외래어는 스포츠+마케팅, 디자인+마케팅, 스토리+마케팅, 패션+마케팅, 온라인+마케팅, 브랜드+마케팅 등등 난무하다시피 이미 우리 생활 곳곳에 스며들어 있다. 그럼에도 불구하고 '마케팅'에 대한 이해가 부족하여, 마치 사람들을 현혹시키는 활동이 '마케팅'인 양 오해하기까지 한다.

그동안 일반인들의 마케팅 이해를 돕고 마케팅에 관한 올바른 정보를 전하기 위해, 「조선일보」·「신동아」·「중앙일보」·「매일경제」 등에 마케팅과 관련된 칼럼을 연재해왔다. 이 책은 그 중의 일부를 선별하여 편집한 것이다.

책의 내용은 네 부분으로 구성했다. 1장은 마케팅의 기본basic을 다시 한 번 뒤돌아보고 다지는 과정이다. 급변하는 트렌드를 어떻게 탐색하여 신제품 기회를 찾아내고, 제품을 어떻게 차별화시켜 나갈지 그 구체적 방안을 설명하였다.

마케팅 활동이 벌어지는 시장은 개별 소비자들로 구성되어 있다. 그래서 2장에서는 소비자의 심리consumer psychology에 대한 이해를 중심으로 어떻게 소비자들의 생각과 행동을 바꿀 것인지 설명하였다.

마케팅 활동을 벌이는 시장은 마치 전쟁터와 같다. 3장에서는 마케팅 전쟁marketing warfare의 관점에서 시장을 보는 법과 전투력을 높이는 방법에 대하여 설명하였다.

마케팅을 잘하려면 우선 나 자신에 대한 마케팅이 선행되어야 한다. 다른 사람들이 보는 '나'는 내가 생각하는 '나'와 다르기 십상이기 때문이다. 4장은 자기표현self presentation이라는 관점에서 개인 이미지를 관리하는 방법에 대해 정리하였다.

학문으로서의 마케팅에서 연구의 대상은 소비자들이다. 그들의 사고와 생활패턴은 하루가 다르게 변화하고 있으며, 그들과 소통하는 도구인 매체도 끊임없이 진화하고 있다. 이른바 신문, 잡지, 라디오, 텔레비전, 온라인, 모바일 등이 공존하는 시대에 와 있다. 매체의 다양화와 더불어 마케팅의 방식도 하루가 다르게 발전하고 있다.

　마케팅은 현실을 반영하는 학문이므로 이러한 변화 및 진화를 신속하게 수용 발전시켜 나가야 한다. 이 책의 내용이 급변하는 마케팅 환경에 적응하는 데 미약하나마 도움이 되길 희망한다.

　이 책이 내 신문 칼럼들을 중심으로 만든 것이어서 있는 원고들을 그냥 나열하면 될 것 같지만, 실제로는 새롭게 수정하고 편집하는 작업이 보통 고된 일이 아니었다. 나의 끊임없는 요구에 큰 불평 없이 늘 웃는 낯으로 협조해준 위즈덤하우스에 감사한다. 지두리 작가는 뛰어난 창의력과 예술성으로 곳곳에 삽화를 더하여 책을 더 따뜻하게 만들어주었다.

　언제나 그렇듯이 내 일들에 신경을 쓰다 보니 가족들에게 늘 미안하다. 그저 로이 크로츠의 말을 빌려 들려주고 싶다. "당신을 사랑합니다. 당신이 당신을 만들어가는 것뿐 아니라 당신이 만들어가는 나의 모습 때문에 당신을 사랑합니다."라고.

2010년 늦가을에

홍성태

C·O·N·T·E·N·T·S

기초 체력을 다지기 위한 시크릿 코드

PART

1

SECRET CODE of MARKETING

늘 **최신 화두**에 **주목**하라

마케팅의 최신 화두는 무엇일까? 마케팅의 대부인 필립 코틀러_{Philip Kotler} 교수와 브랜드 관리의 대가인 케빈 켈러_{Kevin Keller} 교수는 최신 화두로 다음의 다섯 가지를 꼽는다. 이미 익숙해진 용어들이 많지만, 그 본질을 주의 깊게 들여다볼 필요가 있다.

온라인과 모바일을 주시하라

첫째, 온라인 마케팅_{on-line marketing}이다. 이는 단순히 온라인으로 상품을 판매하는 것 이상의 의미를 갖는다. 에이본_{Avon} 화장품의 앤드리아 정_{Andrea Jung}이 CEO로 취임하면서 곧바로 추진한 것이 온라인의 활성화였다. 그동안 방문판매 중심이었던 에이본의 기존 판매원들이 반발한 것은 당연했다. 그러나 앤드리아 정은 온라인 시스템을 판매를 위해서보다 새로운 고객을 확보하고 주문을 돕는 도구로 적극 활용하게 했다. 그 결과 방문판매의 성과를 2.5배 이상 끌어올렸다. 온라인과 오프라인이 대체적인_{alternative} 관계가 아니라 보완적인

complementary 관계임을 보여주는 사례라고 할 수 있다.

블로그 또한 단순히 홍보용 매체로만 생각하면 오산이다. 블로그에 올라 있는 네티즌들의 정보는 '감정이 실린 정보'란 의미에서 이모메이션(emomation = emotion + information)이라 일컫는다.

이모메이션은 사실적인 정보 외에 제품을 체험하는 동안 느낀 긍정적 또는 부정적 감정을 담은 스토리이고, 인터넷이나 모바일을 통해 급속히 전파되기 때문에 파급효과가 폭발적이다. 또한 기업이 만든 공식적인 웹사이트보다 블로그의 콘텐츠가 검색엔진에 더 쉽게 노출되며, 사람들은 그 콘텐츠를 더 신뢰한다. 그렇기 때문에 인터넷 모바일 시대에는 고객을 기다리지 말고 블로그나 SNS 등을 활용해 고객을 적극 찾아나서야 한다.

소비자의 감성을 파악하라

둘째, 감성 마케팅이 중요하다는 것은 주지의 사실이지만, 작금의 과제는 소비자가 원하는 감성을 어떻게 찾아내느냐에 있다. 그래서 숫자에 의존하는 기존의 조사방식이 아니라 무의식적인 마음 상태를 알아보는 새로운 방법들이 속속 개발되고 있다. 예전에는 무의식의 세계를 들여다보는 방식에 대해 비과학적이며, 자료의 해석 또한 주관적이라고 비판하였다. 그러나 마케팅 조사의 목표가 시장에 대한 사실적 자료fact를 얻기보다 궁극적으로 소비자의 마음을 들여다보는 통찰력insight을 얻으려는 데 있다는 관점에서 보면, 새로운 접근방법에 대한 각별한 관심이 요구된다.

하버드대학교의 잘트먼Gerald Zaltman 교수는 "말로 표현되는 니즈가 5퍼센트에 불과하다"고 주장한다. 그리하여 소비자의 숨은 심리를 꿰뚫어 보는 ZMETZalman Metaphor Elicitation Technique이라는 조사방법을 창안하였다. 또한 문화인류학 연구자들이 말이 안 통하는 종족에 관한 조사방법으로 사용하기 시작한 에스노그래피ethnography 관찰기법도 마케팅 조사에 도입되어 그 활용방법에 대한 개선이 진행되고 있다.

고객 간의 커뮤니케이션을 관리하라

셋째는 커뮤니케이션 도구로서의 '입소문word of mouth'에 대한 재인식이다. 이제 공중매체의 전파력은 한계에 달했다. P&G의 짐 스텐겔Jim Stengel 부사장은 "1965년에는 성인 80퍼센트에게 메시지를 전달하는 데 60초짜리 TV 광고 3개면 충분했다. 40년이 지난 오늘날 동일한 효과를 얻자면 117개의 광고를 해야 한다."고 말한다. 게다가 인식의 단계가 아니라 막상 구매하는 시점에 가까울수록 TV 등 매체의 역할보다는 주변의 추천이나 입소문이 더 결정적인 작용을 한다는 것이다.

그러므로 어떤 사업을 하든, 입소문이 마케팅에서 제대로 효과를 발휘하도록 촉진하는 방법에 대해 고심해야 한다. 고객에게 체험의 기회를 제공해 감동을 주고, 이성적 정보뿐 아니라 감성적 가치를 함께 공유하게 함으로써 이를 전파하는 입소문 마케팅이 커뮤니케이션 활동의 새로운 중심이 되고 있다.

마케팅 활동도 ROI를 정확히 측정하라

넷째는 마케팅 성과를 측정하는 시스템의 구축이다. 마케팅 활동의 효과를 독립적으로 측정하는 것이 어렵기 때문에 기업들은 마케팅 비용의 ROI(투자수익률) 측정을 등한시해왔다. 그러나 이제는 테스트 마케팅이나 전문가의 의견 등을 활용해 직간접으로 마케팅의 효과를 측정하는 시스템을 구축해 나가고 있다. 이러한 시스템은 무엇보다도 기업이 우수한 제품을 가려내고 집중하는 데 도움을 준다.

유니레버Unilever는 1,600개의 브랜드 중 50개, 즉 단지 3퍼센트의 브랜드가 총수익의 63퍼센트를 차지한다는 사실을 알았다. 그들은 400개의 브랜드를 선별해 이를 파워브랜드라 명명하고 나머지는 정리하여 그 숫자를 줄여나갔다. 그 결과 투자수익률을 획기적으로 증대시키게 된다.

성과측정 시스템은 비용절감의 기회를 점검하는 데도 도움이 된다. 예를 들어, 기업이 서비스의 일환으로 제공하는 배송, 설치, 교육 등도 그 효과에 대한 검증이 필요하다. 기업이 무료로 제공하는 서비스를 고객들이 가치 있게 여기지 않는 경우가 다반사이기 때문이다.

좋은 기업임을 인식시켜라

다섯째, 날로 증대되는 지속가능경영sustainability의 의미이다. 기업의 부정, 정계와의 유착, 지구온난화의 위험 등을 의식하면서 사람들은 사회적 책임경영을 수행하는 '좋은 기업'과 그렇지 않은 '나쁜 기업'을 구별하려 한다. 채권자나 종업원 등, 기업의 직접적인 이해당사자를 넘어 사회적, 환경적 가치에 기업이 더 많은 관심을 기울이라는 요구다.

기업이 실질적으로 사회적 책임을 수행하고, 그래서 일반 대중이 그 기업을 '좋은 기업'으로 인식하게끔 해야만 지속적인 성장이 가능해지는 시대이다. 그러므로 마케팅의 운영방침을 경제적 성과뿐만이 아니라 환경보호와 사회적 책임에 두고, 성숙된 책임경영의 의지를 사람들로 하여금 알도록 해야 할 것이다.

앙드레 지드는 "평범한 것을 제대로 하는 것이 비법이다."라고 조언한다. 기발한 돌파구를 찾기보다 마케팅의 두 석학이 지적한 마케팅의 최신 화두를 제대로 이해하고 점검하는 것이 시장의 급격한 변화를 이겨내는 지혜가 아닐까.

최전선에 나가보라

『연금술사』를 비롯한 수많은 베스트셀러의 작가인 파울로 코엘료 Paulo Coelho는 "매일 매일을 비슷한 것으로 본다면 장님이 될 수도 있다."고 경고한다. 새로운 시각을 갖지 못하면 새롭게 바뀐 변화의 의미를 깨닫지 못하고, 변화의 의미를 모른다면 장님이 된 것이나 마찬가지라는 말이리라.

촛불을 아무리 들여다봐도 전구를 발명할 수는 없다. 같은 이치로 핸드폰을 아무리 들여다봐도 아이폰을 생각해낼 수 없다. 새로운 아이디어는 '형태 form'에서가 아니라 새로운 '시각 sight'에서 비롯된다.

그렇다면 어떻게 새로운 시각을 가질 수 있는가? 우선 배회탐색 free-range exploring이 좋은 출발점이 될 수 있다. 시대의 변화에 동참하고 소비자의 심리를 파악하기 위해서는 거리의 동향에 주목해야 한다. 그저 배낭을 메고 대중 속에 휩쓸리거나, 가로수길, 홍대 앞 등, 유행의 정점을 서성거려 보는 것도 좋은 방법이다.

시장 전선에 나가서 시간을 보내라

거리는 이동의 통로일 뿐만 아니라 다양한 생활요소들로 구성되어 있어, 조금만 눈여겨보면 많은 정보를 얻을 수 있다. 이때 눈에 보이는 모습을 단편적으로 묘사하거나 나열하는 것은 큰 의미가 없다. '변화'에 주목해야 한다. 사실fact을 파악하려 애쓰기보다 특이한 성향 idiosyncrasy을 눈여겨보는 것이 아이디어 창출에 훨씬 더 유용하기 때문이다.

환경의 변화는 소비자가 그 변화를 수용했기 때문에 발생한다. 기업이 강압적으로 변화를 주도한다 해도 소비자가 이를 받아들이지 않으면 변화는 일어나지 않는다. 즉 관찰된 변화란 드러난 '결과'일 뿐이다. 그러한 변화가 발생하게 된 '원인'인 고객의 심리를 유추해볼 필요가 있다. 다시 말해, "소비자가 왜 이런 변화를 받아들일까?"를 곰곰이 생각해보아야 한다.

할 수만 있다면 기업인으로서 평소 자주 접하지 못했던 사람들과 동행하는 것이 바람직하다. 우뇌를 주로 활용하는 디자이너나 예술인, 또는 다른 연령층이나 이성 등과 어울리면서 끊임없이 "왜 그럴까?"라고 물어보라. 고객과의 접점지대에 있는 매장 점원들과 이런저런 얘기를 나눠보는 것도 좋다. 사람들이 '어떤 것을 좋아하는지'보다는 '왜 좋아하는지'를 물어야 할 것이다.

도처에 정보는 넘쳐난다

사람들의 반응을 관찰하는 것도 중요하다. 그들이 깜짝 놀라는지, 미소 짓는지, 찌푸리는지, 더 다가서는지, 고개를 젓는지 등 다양한 반응을 유심히 관찰해보라. 이러한 타운 워칭town watching에 익숙해지면 생각지도 못한 정보를 얻을 수 있고, 소비자에 대한 눈도 뜨게 된다. 즉, 자신의 고정된 시각에서 벗어나는 훈련이 되는 것이다.

그런데 세상의 트렌드가 빠르고 다양하게 변화하므로 이를 일일이 다 쫓아가기란 불가능하다. 시중에 나와 있는 잡지들이야말로 시대의 흐름을 가장 신속하게 전달하는 매체임을 유념하라. 여성잡지는 물론 남성, 예술, 과학 등 다방면의 잡지를 꼼꼼히 살피는 것도 도움이 된다.

보다 적극적으로 구체적인 아이디어를 수집할 수도 있다. 외국의 애플Apple 컴퓨터 매장들에는 '지니어스 바(Genuis Bar : 천재들의 카운터)'라 명명한 서비스센터가 있다. 고객들은 갖가지 궁금한 문제를 들고 이곳에 와서, 애플PC나 아이팟 또는 아이폰 등으로 이런 것은 안 되는지 묻는다. 카운터에 앉은 천재 상담원들은 많은 질문들에 즉시 답을 해준다. 그러나 그들도 해결하지 못하는 문제나 정말 재미있는 질문은 곧바로 상부에 보고된다. '지니어스 바'는 고객서비스 센터이자 아이디어 수집창구인 셈이다.

끊임없이 체험해보라

몸으로 체험하는 탐색법도 시도해봄직하다. 세계적인 명성을 지닌 마운트 시나이 병원Mount Sinai Hospital의 응급실은 다른 병원들의 벤치마킹 대상이 되고 있다. 설계를 맡은 디자인 회사 아이디오IDEO는 디자이너들로 하여금 진짜 환자처럼 앰뷸런스에 실려가 간이침대에 누워 복도에서 응급처치를 기다리는 등, 온갖 체험을 하게 만든 후에 응

급실을 설계하였다고 한다. 진정한 아이디어란 고객의 감정까지 체험한 후에야 비로소 떠오르는 것이다.

세탁 및 청소용품을 만드는 클로락스Clorox도 고객의 화장실까지 쫓아다니며 그들이 어떻게 변기를 청소하는지 관찰한 결과, 일회용 머리 솔이 달린 브러시, 토일렛 웬드Toilet Wand를 만들게 되었다. 고객의 가정에까지 따라가서 제품 사용의 순간을 관찰하는 것이다. 광고 대행사의 프리랜서로 20년 이상 경력을 쌓은 샘 해리슨Sam Harrison은, 이처럼 곳곳을 탐색함으로써 새로운 아이디어를 발견하는 방법을 '아이디어 스팟팅idea spotting'이라 부른다.

오늘날 세상을 앞서가는 힘은 IQ나 EQ가 아니라 CQ(Curiosity Quotient : 호기심 지수)이다. 아인슈타인은 "나에게 특별한 재능은 없다. 다만 넘쳐나는 호기심이 있을 뿐이다."라고 말하곤 하였다. 이제 우리도 호기심 가득한 눈으로 거리에 나서야 하지 않을까. '회사의 일거리'에만 매달리다보면 세상으로부터 배어나오는 영감을 흘려버리기 십상이기 때문이다.

소비자의 **라이프스타일**을 **선도**하라

미국의 항공사들 중 유일하게 흑자경영을 지속하고 있는 사우스웨스트Southwest 항공은 '엔터테인먼트entertainment 마케팅'이란 기치를 내걸고 있다. 이 회사의 슬로건은 "당신이 즐기고 있는 동안 시간은 흘러갑니다!Time flies while you're having fun!"이다. 비행기로 이동할 때 제일 꺼려지는 것이 지루함과 답답함인데, 이 항공사는 그야말로 시간 가는 줄 모를 정도로 비행기 여행을 즐기도록 해준다는 것이다.

고객과 희로애락을 같이하라

그런데 이 엔터테인먼트 마케팅이라는 것이 단순히 고객을 즐겁게 한다는 펀fun의 요소, 즉 깔깔거리며 웃게 만드는 것만을 뜻하지는 않는다. 영화를 즐기러가서 울기도 하고 때로는 주인공과 같이 격분하기도 하지 않는가. 즉, 고객과 희로애락을 같이 하는 게 엔터테인먼트 마케팅의 본질이다. 고객이 상喪을 당하여 찾아가 위로해드렸다면, 그것도 넓은 의미에서 엔터테인먼트 마케팅이라고 할 수 있다.

소비자들과 희로애락을 같이 하려면 타깃고객들의 '가치관과 라이프스타일', 즉, VALS(Value And Life Style)를 잘 파악하고 있어야 한다. 구체적으로 타깃고객이 하루 24시간을 어디에 쓰는지activities, 무엇에 관심을 갖는지interest, 세상의 다양한 이슈에 대해 어떤 생각을 가지고 있는지opinion 알아야 한다. 소비자 행동consumer behavior을 이해하는 것은 소비자의 전반적인 하루 일상을 손바닥 들여다보듯 파악하는 일에서부터 시작된다.

그러므로 '소비자'를 글자 그대로 '제품을 사용하는 사람(consumer)'으로 간주할 것이 아니라, '재미있고 개성 있는 삶을 살아가려는 하나의 인간(people)'으로 봐야 한다.

스티브 잡스가 발명한 기발한 제품들(NeXT, iMac, G4 등)은 많지만, 어느 하나도 시장을 지배한 적이 없다. 그가 만든 애플 컴퓨터는 타의 추종을 불허하는 우수한 기종임에도, 전 세계 시장점유율이 10퍼센트에 미치지 못한다. 최상의 기술로 제품을 만들면 성공하리라 생각했지만, 점유율 면에서는 늘 기대에 못 미쳤던 것이다.

스티브 잡스는 뒤늦게 "젊은이들의 삶을 그들의 방식에 따라 몸소 체험하고 나서야after I experienced being a young people on their terms 성공의 열쇠를 찾게 되었다."고 말한다. 즉, 청바지에 티셔츠를 입고 젊은이들과 어울리며 그들의 생각과 라이프스타일을 이해하려 애쓰자, 어떤 제품을 어떻게 디자인해야 할지 영감을 얻을 수 있더라는 것이다.

그렇게 탄생한 것이 아이팟iPod이다. 잡스는 심플한 작동원리를 가진 멋진 디자인의 MP3는 물론, 음악을 다운로드하기 불편했던 환경을 개선한 아이튠스iTunes를 개발하였다. 아이튠스가 없었다면, 아이팟의 성공도 없었을 것이다.

잡스는 소비자 라이프스타일의 변화에 따라 아이팟을 계속 진화시켜 왔으며, 아이폰iPhone에 이어 아이패드iPad까지 성공적으로 런칭하였다. 또한 아이튠스도 그 범위를 넓혀 단순히 음악을 다운로드 받는 역할에서 나아가 교육, 여행, 보험 상품은 물론, 앱스토어App Store와 링크시켜 30만 가지가 넘는 애플리케이션application 프로그램을 판매하고 있다. 아이폰의 성공은 타깃 소비자를 관찰하고, 그들이 꿈꾸는 새로운 라이프스타일을 창출함으로써 가능했던 일이다.

새롭고 활기찬 라이프스타일을 창출하라

예전에는 동시대 사람들 간의 생각이나 생활 패턴의 차이가 그다지 크지 않았으나, 요즘은 사람들마다 다양한 삶을 영위할 뿐 아니라 삶의 방식 또한 시시각각으로 변화한다. 그러므로 타깃고객들의 VALS를 추적하고 이를 업그레이드 할 수 있도록 제안하는 일이 마케팅 활동의 핵심이 되고 있다.

기술 및 미디어, 통신 분야의 저명한 투자자문회사인 KBRO(Kaufman Bros.)는 "삼성이나 LG전자와 같이 앞선 기술로 시장을 주도하던 한국 기업들이 설 땅을 잃어가고 있다."라고 지적한다. 고객의 라이프스타일을 진정으로 이해하고 선도해가는 소프트웨어의 개발 경쟁을 해본 적이 없기 때문이라는 것이다.

혹자는 애플이 자체 IT기술도 없이 아웃소싱으로 제품을 구성하므로 취약한 구조라고 비판한다. 하지만 기술을 제공할 수 있는 기업은 많고, 그 경쟁은 치열하다. 구글의 넥서스원Nexus One을 비롯해 다양한 스마트폰 제조업체들도 애플의 아이폰에 도전장을 내밀었다.

이 싸움의 승패는 기술의 우수성이나 애플리케이션의 숫자가 아니라 소비자의 라이프스타일을 누가 선도하느냐에 따라 결정될 것이다. 아이폰은 소비자 행동반경 내의 상점과 광고를 연결하는 아이디어geo-location technology 등 24시간 소비자를 쫓아다닐 준비를 갖추며 앞서가고 있다.

영화 아바타로 관심을 끌고 있는 제임스 캐머런 감독은 "영화는 영화를 찍는 기술의 문제가 아니라 상상력에 관한 문제다."라고 말한다. 이제 마케팅의 승자는 누가 소비자가 원하는 새롭고 활기찬 라이프스타일을 상상해서 창출하느냐로 판가름이 날 것이다.

CJ오쇼핑의 이해선 대표는 제일제당, 빙그레, 아모레퍼시픽 등을 거치면서 비트, 식물나라, 뉴면, 설화수 등, 수도 없는 상품들을 히트시킨 마케터이다. 그는 아모레퍼시픽의 부사장 시절부터 앞머리를 노랗게 물들이고 새끼손가락은 여러 색의 매니큐어를 번갈아 칠하고 다닌다. 화장을 하는 사람의 마음을 느껴보려는 것이리라.

오늘도 이 대표는 퇴근 후면 청바지를 입고 청담동이나 홍대앞, 가로수길, 명동 등을 찾는다. 유통업체 CEO로서 꼭 알아야 할 패션이나 외식外食, 쇼핑 트렌드를 발 빠르게 캐치하기 위해서다.

그는 스마트폰 마니아다. 트위터나 페이스북은 그가 새로운 라이프스타일을 찾아내고 또한 시험하는 중요한 도구이다. 사람들의 라이프스타일을 놓치지 않고 선도해 나가려는 그의 부지런한 노력 덕분에 사람들에게서 '마케팅의 귀재'라고 칭송받게 되었다.

이제 마케터들은 책상에 앉아 전략을 짤 것이 아니라, 몸을 던져 고객의 라이프스타일 한가운데로 파고들어야 하지 않을까.

순수한 마음으로 '**왜?**'라고 자문해보라

어린아이들은 "왜?"라는 질문을 참 많이 한다. 어른들은 당연하게 여기는 것들을 아이들의 천진한 눈으로 보면 새롭고 신기하기 때문이다. "아빠, 하늘은 왜 파래요?" "엄마, 새는 왜 날아다녀요?"라고 묻는다. 이처럼 순진한 마음에서 우러나오는 질문을 '순진한 왜innocent why'라 칭한다.

하버드대학교에서 화학을 공부했던 에드윈 랜드Edwin Land라는 사람은 편광기술을 이용한 여러 사업을 하고 있었다. 어느 날 그는 가족과 함께 해변으로 놀러가서 사진을 찍던 중 세 살 된 어린 딸로부터 "아빠, 사진을 찍으면 왜 금세 볼 수 없는 거예요?"라는 질문을 받았다. 그에 대한 대답으로 4년 후인 1947년에 발명된 제품이 폴라로이드라는 브랜드의 즉석카메라이다.

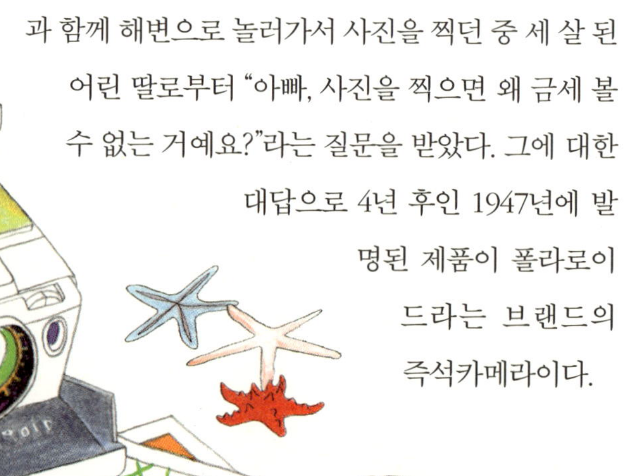

'왜?'라는 질문이 사업 기회를 가져다준다

사람들이 당연시하는 생각과 사용 행동에 대해 순수한 마음으로 '왜?'라는 질문을 던져봄으로써 일상에서 수많은 사업 기회를 찾아낼 수 있다.

가구를 사려는 고객들은 정확히 자신이 원하는 모양과 기능이 아니더라도, 대충 비슷한 것 중에 고를 수밖에 없다. 게다가 커다란 가구를 배달하려면 비용도 많이 들고 다루기도 만만치 않다. 누구나 당연하게 여기는 이런 불편함에 대해 "왜 그래야만 하지?"라는 질문을 던진 결과, 표준화된 부품을 고객이 직접 골라 쉽게 조립하도록 만듦으로써 성공을 거둔 기업이 이케아Ikea이다.

"컴퓨터 회사들은 '왜' 복잡한 유통망을 통해 컴퓨터를 팔까? 그리고 '왜' 완제품의 재고를 관리해야 하지?"라는 의문이 델Dell컴퓨터를 만들었다. 델은 고객이 온라인으로 주문한 사양에 맞춰 부품들을 조립한 다음 미국 어디든 48시간 내에 배달하는 것을 원칙으로 한다. '왜'라는 질문을 함으로써 델컴퓨터는 결코 저렴한 가격이 아님에도 불구하고 미국 시장에서 부동의 1위를 지키고 있다.

많은 사람들이 '죽'은 아픈 사람이나 노약자가 먹는 것이지, 멀쩡한 사람의 한 끼 식사로는 부족하다는 고정관념을 가지고 있었다. '죽'을 식당에서 사먹는다는 생각은 더더욱 하지 않았다. 그런데 "죽은 '왜' 환자나 노약자만 먹는가?"라는데 생각이 미친 김철호 씨는 "소화가 잘되고, 영양이 높고, 맛도 좋은 죽을, 먹고 싶은 만큼 준다."는 개념의 죽 전문점 '본죽'을 열었고, 개업 6년 만에 본죽 가맹점은 1,000호를 돌파하였다.

고객의 관점에서 '왜'라는 질문을 던져라

통찰력을 자극하는 뜻밖의 질문은 고객에게서도 나온다. 오리온은 후라보노이드 성분과 녹차추출물을 함유한 기능성 껌을 출시하는 과정에서 소비자들에게 껌의 특징을 설명하고 의견을 청취하는 시간을 가졌다. 그때 한 소비자가 "그렇게 좋은 껌이라면, 왜 100원만 받아요?"라고 물었다. 그때만 해도 껌 값이라고 하면 으레 100원 하던 시절이었다. 이렇게 탄생한 200원짜리 후라보노 껌은 두 배로 비싸진 가격 때문에 오히려 소비자들에게 껌의 우수성을 알리는 계기가 되었고, 롯데가 독주하던 껌 시장에서 새로운 돌파구를 마련하게 된다.

'왜?'라는 질문을 던질 때 중요한 것은 그 질문이 고객의 관점에서 해야 한다는 점이다. 기업의 관점에서 '왜'라는 질문을 하다 보면 자칫 사고思考가 분석적으로 되기 쉽다.

가령 백화점에서 "왜 매출이 떨어지지?"라는 기업 중심의 질문을 했다면 불황이나 비싼 가격, 치열해진 경쟁 등의 핑계가 생각날 뿐이다. 제3자로서의 분석이 되어버리기 때문이다. 그렇기 때문에 고객의 관점에서 "예전에는 백화점에서 사던 물건을 지금은 왜 대형마트에서 사고 싶을까?"라고 질문을 던져야 한다.

어디서 팔든지 브랜드 상품은 다 동일하다. 그러므로 백화점을 단순히 상품을 판매하는 기업이라고 본다면 경쟁에서의 우위는 없는 것이나 마찬가지다. 현대백화점은 위의 질문에 대한 대답을 고민한 끝에 업業의 개념을 '상품판매 기업'이 아니라 '생활제안 기업life stylist'으로 정하였다.

상품의 관점에서만 보면 백화점은 사양 산업이다. 그런데 생활에 초점을 맞추면 무궁무진한 성장 산업으로 보인다. 왜냐하면 사람들의 생활은 지속적으로 발전하고, 향상하고, 성장하기 때문이다. 그래서 '생활제안 기업'을 '지금보다 향상된 삶을 살고자 하는 사람들을 돕는 기업'으로 정의하였다. 관점을 바꾸자, 새로운 수요를 창출할 아이디어들이 샘솟게 되었다.

새로운 라이프스타일을 제공해주는 백화점으로 지명도를 확보한 현대백화점은, 압구정점 등 대부분의 매장이 통행이 활발한 지하철 2호선에서 다소 떨어져 있다는 불리한 입지조건임에도 불구하고 선전하고 있다.

이와 같이 '왜'라는 질문은 기업의 존재 이유를 파악하게 하는, 보다 중요한 역할도 한다.

질문은 스스로를 깨닫게 한다

'왜'라는 질문은 소비자들이 스스로 생각해보게끔 유도하는 효과도 가지고 있다. "주식을 거래할 때 '왜' 높은 수수료를 주며, 별로 하는 일도 없는 중개인을 통해야 하죠?"라는 질문을 소비자들에게 던짐으로써 찰스 슈왑Charles Schwab은 일찍이 전화주문으로 주식 시장을 장악했었다. 후에 그는 인터넷 주문 시장으로 전환하면서, 소비자들에게 더욱 적극적인 질문 공세를 벌였다.

"고객 스스로 ATM을 사용하면서, 왜 수수료를 내세요?"

"은행 한 군데에 돈을 몰아넣는 것이 불안하다면서, 왜 뭔가 하지 않으세요?"

"노후생활을 염려하시면서, 왜 은퇴 후 계획을 안 세우세요?"

광고를 통해 전달된 일련의 질문들은 그렇지 않아도 금융위기로 예민해진 소비자들로 하여금 찰스 슈왑의 도움을 받아야 할 것 같은 생각을 갖게 만들었다.

질문은 반드시 어떤 답을 구하는 것 이상의 효과를 갖는다. 휴렛패커드의 전 CEO, 칼리 피오리나의 말처럼, 질문은 스스로 깨닫도록 해주기 때문에 가치가 있는 것이다.

자연으로 돌아가라, 다만 세련되게

웰빙 트렌드가 소비자의 주목을 받으면서 영국에서 출시된 '펩시 로 Pepsi RAW'라는 천연성분 음료가 화제가 되고 있다. 펩시라고 하면 보통은 인공적인 맛이 가미된 청량음료가 연상된다. 그러나 펩시 로는 사과진액, 커피 잎사귀, 포도에서 추출한 타르타르산 등 천연성분으로 만든 탄산음료로, 인공적인 이미지가 강한 콜라 제품에 '날 것'이라는 의미의 로raw라는 브랜드명名을 붙인 것이 눈길을 끈다. 이것은 웰빙 시대를 뛰어넘는 새로운 트렌드를 함축하는 용어이기 때문이다.

'로'의 사전적 의미를 찾아보면 "날 것의, 가공하지 않은"이라고 나온다. "있는 그대로의, 때 묻지 않은, 소박한, 간결한"이라고 해석할 수 있는데 최근에는 '가공하지 않은 식품'을 지칭하는 것에서 나아가 생활용품까지 다방면에 활용되고 있다. 예를 들어, 생활용품에서 '로'는 '군더더기 없이 본질을 추구한다'는 의미로 사용된다. 갈수록 필요 이상 가공적으로 되어가는 제품들에 대한 사람들의 거부 반응을 수용한 것이라 볼 수 있다.

지극히 노멀한 제품이 슈퍼 노멀이다

자전거를 예로 들어 생각해보자. 최근 티타늄 프레임에 24단 기어와 카본 바퀴살 같은 것으로 치장하여 1~2천만 원을 호가하는 자전거들이 나오고 있다. 그러나 로raw의 개념에서 본다면 자전거는 자전거다워야 한다. 인공적으로 가공한 것이 아니라 사람의 다릿심으로 가는 자전거이어야 한다. 그래서 고정기어를 사용하고 심지어 브레이크조차 없는 픽시 바이크(fixed bike의 애칭 : 고정기어(픽스드기어/막기어)를 사용하는 자전거. 패달을 멈추면 바퀴도 같이 멈추므로 브레이크가 필요 없고, 진행 중에는 패달을 계속 돌려야 한다. 대신 역주행도 가능하다)가 젊은이들 사이에서 인기를 끌고 있다.

일본의 저명한 디자이너 나오토 후쿠사와는 "오늘날 노멀(normal, 평범)한 제품이 사라지고 있음은 안타까운 일이다. 사람들은 뭔가 특이한 요소나 기능을 첨가시켜야 디자인이 되었다고 생각한다. 그러나 진정으로 슈퍼 노멀(super normal, 비범)한 제품이란 지극히 노멀한 제품을 일컫는다."라고 말한다. 국제 디자인 어워드에서 50회 이상 수상한 이 세계적인 디자이너에 따르면 '과도하거나 눈길만을 끌려는 디자인보다 제품의 본질에 충실한 제품을 만들라'는 것이다.

그런 면에서 '로'의 개념을 제대로 활용하고 있는 대표적인 브랜드가 일본의 무지료힌(無印良品 · 이하 무지 MUJI)이다. 7,000여 종의 생활용품을 판매하는 무지는 별로 쓰임새도 없는 기능들을 과도하게 붙인 제품들과 명확한 대조를 이루며, 본래의 기능과 형태를 잘 살린 디자인으로 전 세계에 팔리고 있다.

무지는 단순히 원가절감을 통한 '싼 가격'에 뿌리를 두는 것이 아니다. 가격경쟁에 몰두하느라 더 소중한 '정신'을 잃어버리면 차별화를 지속할 수 없음을 간파한 무지는, 우리가 당연한 것으로 여기던 불편함을 새롭게 인식하도록 하는 데 치중한다. 살짝 기울여 휴지를 넣기에 편리하도록 만든 쓰레기통, 손가락을 다치지 않게 끝을 궁굴린 종이 클립 등이 그 예다. 그러므로 비용절감만을 의식하는 유통업체 PBprivate brand 방식의 '노 디자인no design'과는 다르며, 오히려 한 차원 높은 감각이 요구되는 '궁극적인 디자인ultimate design'인 것이다.

그렇다면 이런 제품들의 눈높이는 어디일까. 그들의 목표는 "그것이 좋다"가 아니라 "그것으로 좋다."이다. 즉, '그것이 아니면 안 되겠다'는 최고의 의미가 아니라, '그 정도면 충분하다'는 최적의 의미라 볼 수 있다. 최고를 향해 필요 이상 과도한 디자인으로 치닫던 제품에 절제와 중용의 개념이 더해진 것이다.

또 다른 예가 전 세계 42개국에 진출한 화장품, 바비 브라운이다. 이 브랜드는 창업자 바비 브라운Bobbi Brown 여사의 '모든 여성은 기본적으로 다 아름답다'라는 간명한 철학에 근거한다. 이 말은 최소한의 화장품과 화장술 그리고 약간의 도구로써 누구라도 아름다워보일 수 있음을 암시하는 것이다. 결국, 바비 브라운이 형상화하는 '로'는 '꾸미지 않은 듯한 자연스러움'이다.

바비 브라운은 제품 구색도 군더더기 없이 필요한 것만 쓸 수 있도록 구성했다. 그래서 3분, 5분, 10분 메이크업이라는 매뉴얼을 만들어 간편하고 신속하게 화장을 할 수 있도록 돕는다. 바비 브라운은 광고에도 '로'의 개념을 도입해 유명인을 모델로 쓰지 않는다. 자신의 진정한 아름다움을 발견해야지 미디어가 만들어낸 아름다움의 기준에 현혹되어서는 안 된다는 의미다. 인공적인 아름다움을 배제하려는 이 브랜드는 최소, 최적이라는 의미로서의 '로'의 개념을 추구하고 있는 것이다.

최고를 추구하기보다 소박함 속에 심미안을 투영하라

오늘날 사람들은 디지털이나 가상현실virtual reality 같은 인공적인 것들에 둘러싸인 채, 자신이 사용하는 제품들을 온전히 이해할 수 없는 세상에 살고 있다. 예전에는 자동차가 고장 나면 후드를 열고 고쳐보려 할 수도 있었다. 그러나 요즘은 그럴 엄두를 못 낸다. 그래서 우리가 살고 있는 세상을 이질적으로 느끼며, 단순하여 자신이 통제할 수 있었던 삶을 그리워한다.

크리스피 크리미Krispy Kreme는 시골 동네 도넛 가게의 정다운 이미지를 지키려고 애쓴다. 심지어 도넛 만드는 과정을 공개하는 등, 사람들에게 친근함으로 다가가려 한다. "때 묻지 않은"이란 의미로서의 '로'의 개념에 충실한 것이다. 할리 데이비슨이 최고의 스피드나 기술력을 추구하는 브랜드는 아닐지 모른다. 그러나 고객들로 하여금 "그냥 나대로 살 수 있도록" 도와준다는 의미에서 '로'의 개념을 실천하고 있다.

재정적 풍요 속에 부유함의 극치를 누리던 세계 경제는 완전히 새로운 국면을 맞이하고 있다. 사람들의 사고나 생활방식도 급속하게 변해가고 있다.

'로'는 최고의 소재로 제품을 만드는 것을 목표로 하는 것이 아니라 그 제품에 맞는 최적의 소재와 형태를 찾고, 소박함 속에 심미안이 돋보이도록 해 새로운 가치를 부여한다는 의미다. 지금의 '자연 그대로'라는 1차원적 개념의 내추럴natural이나 오가닉organic에서 '자연으로 돌아가자, 다만 세련되게……'라는 한 단계 발전된 개념인 '로'의 시대가 다가오고 있다.

고객만족은 잊어라, **습관화가 열쇠**다

언제부터인가 '고객만족(customer satisfaction : 일명 CS) 경영'이란 용어가 기업 경영의 당연한 지침처럼 자리 잡아왔다. 직감적으로는 맞는 말 같지만, 곰곰이 재고해볼 필요가 있다. 일반적으로 고객의 만족도는 구매한 제품이 과연 사람들의 기대치를 능가하느냐로 가늠한다. 제품이나 서비스가 기대 이하하면 불만족이라 평가되므로, 그 기대를 넘어서는 것을 목표로 한다.

문제는 고객들이 다음번의 기대 수준을 그만큼 높인다는 데 있다. 멀리 홍콩에서 보낸 특송우편이 다음날 아침 서울 사무실의 책상 위에 놓여 있는 것은, 생각해보면 기적과 같은 일이다. 하지만 이제 그 정도의 우편서비스에 감동할 사람은 없다. 하루 만에 배달되는 것은 당연한 기대수준이 된 것이다. 고객의 기대수준이 날로 높아지면서 까다로워진 고객들의 불평이 끝이 나지 않는 딜레마에 봉착하게 된다.

더 큰 문제는 고객만족도가 재구매와 연결되지 못한다는 점이다. 설문조사에서 "브랜드에 만족했다."고 응답한 고객들에게 "그렇다면 미래에 이 브랜드를 다시 구매할 의향이 있느냐?"라고 물으면, 말로는 "그렇다."라고 답하는 사람이 대부분이다. 그래서 기업은 '만족도'가 '재구매 의향'을 높인다고 믿는다. 그러나 불행히도, 구매할 의향이 있다고 말한다고 해서 실제로 구매에 이르는 것은 아니다. 구매조건만 좋다면 경쟁사의 제품을 마다하지 않는 것이 오늘날의 소비자들이다.

고객의 습관을 파악하라

CS전문가인 닐 마틴Neale Martin에 따르면, '만족한다'고 대답한 고객 중 기껏해야 8퍼센트 정도가 충성심loyalty을 가지고 실질적인 재구매에 이른다고 한다. 거꾸로, '불만족하다'고 말한다고 해서 그 브랜드의 구매를 기피하지도 않는다는 것이다.

고객이 어떤 항공사의 서비스에 불만이 있다 해도 마일리지 등이 누적되어 있으면 다른 항공사로 쉽게 옮겨가지 않는 것을 보아도 알 수 있다. 이처럼 고객의 만족도가 참고는 될지언정, 경영의 초점을 고객만족CS에 맞추어야 할 만큼 중요하지 않다는 것을 알 수 있다. 그래서 이제는 기업의 관심이 CS에서 CH(customer habituation : 고객 습관화)로 옮겨 가고 있다.

심리학자 수잔 피스크Susan Fiske는 사람들을 '인지적 구두쇠cognitive miser'라 칭한다. 두뇌가 정보처리를 할 때 많은 에너지가 사용하는데, 되도록이면 그 에너지를 절약하려든다는 것이다. 예컨대, 사람들은 제품을 구매할 때마다 그 제품을 새로이 평가하는 것이 아니라 늘 하던대로, 즉 습관에 따라 구매하는 경우가 대부분이다.

그래서 기업들은 새로운 습관을 형성시키고, 이를 유지시킬 장치를 마련하기 위해 부심한다. 많은 피자상점이 있는데도 어떤 고객이 동일한 피자상점에서 계속 주문하는 것은 반드시 만족도가 높아서가 아니다. 그것은 10번 구매에 1번 무료로 주는 피자쿠폰 때문이기 십상이다.

언젠가 한번은 의식적으로 의사결정을 하겠지만, 그다음부터는 무의식적으로 습관에 따라 구매하는 것이 더 편리한 행동방식인 것이다. 같은 주유소를 계속 가게 되는 것도, 늘 사용하던 신용카드를 으레 쓰게 되는 것도 마일리지 적립 등의 장치로 유도한 습관 때문이다.

좋은 디자인도 습관화에 한몫한다. CD나 테이프로 음악을 즐기던 사람들의 선택을 MP3로 바꾸는 것이 생각처럼 쉽지는 않았다. 애플이 아이팟iPod을 내놓았을 때, 크지도 않은 MP3 시장에서는 이미 선두주자들이 치열한 경쟁을 벌이고 있었다. 아이팟은 앞선 경쟁사의 제품보다 비쌌고, 저장용량은 적었다. 그러나 아이팟의 기발한 디자인은 소비자들이 새로운 습관에 숙달되는 데 결정적인 역할을 했다.

아이팟의 클릭휠은 손바닥만 한 MP3의 볼륨 조절과 음악 탐색을 손쉽게 하는 천재적인 해결책이었다. 별도의 사용설명이나 연습 없이도 사용법을 익히는 게 어렵지 않았다. 아이팟의 사용이 그렇게 직관적이지 않았다면 사람들이 MP3에 길들여지는 데 시간이 걸렸을 것이고, 폭발적인 시장창출은 늦어졌을 것이다.

스타벅스의 성공 요인이 좋은 원두나 감성적 접근 때문이라는 분석들도 일리가 있지만, 기실은 편의성을 통한 습관의 형성이라 볼 수 있다. 프랜차이즈 매장들은 서로 가까이 위치시키지 않는 것이 통념이다. 그런데 스타벅스는 강남역 사거리에만도 5개의 매장이 있다. 고객이 길을 건너는 게 불편하다고 판단되면 기존 점포 옆에도 새로운 매장을 열기 때문이다. 그 결과 찾기 쉽고 접근하기 쉬운 스타벅스 매장에 길들여진 사람들은 습관적으로 스타벅스를 가게 되며, 심지어 하루라도 거르면 마음이 불편하게까지 된다.

기존의 습관은 새로운 습관에 의해 정복된다

기업들은 때로 기존의 습관을 파괴하여 새로운 습관을 창출하는 데 마케팅 자원을 쏟는다. 리서치 전문회사인 AC닐슨은 소비자들이 습관에 의거하여 구매 결정하는 것을 '오메가 룰omega rules'이라 하고, 습관에 도전하여 의식적인 평가를 하게 되는 순간을 '델타 모멘트delta moments'라고 부른다. 사람들이 습관적으로 기존의 우유를 사는 것을 저지하기 위해 저온살균 방식을 상기시킨 파스퇴르 우유나, 침대를 가구처럼 구매하는 소비자들의 습성을 깨뜨리기 위해 '침대는 가구가 아닙니다'라고 주장한 에이스 침대는 델타 모멘트를 창출하여 경쟁자의 시장을 빼앗는 데 성공한 사례이다.

습관을 창출하는 것이 마케팅 장치이든, 디자인이든, 편의성이든, 델타 모멘트이든 브랜드 선택의 95퍼센트 이상이 습관에 의한 구매이다. 시장의 변화를 주고 싶은 기업은 "습관은 습관에 의해 정복된다."는 수도사 토마스 아 켐피스Thomas à Kempis의 말을 곱씹어봐야 할 것이다.

차별은 아주 **작은 차이**로 만든다

유전자 염색체인 DNA 게놈genome의 구조를 보면, 인간과 고릴라의 차이가 2.3퍼센트밖에 안 된다고 한다. 인간과 침팬지의 차이는 불과 1.5퍼센트이고, 여자와 남자의 차이는 놀랍게도 0.1퍼센트가 채 안 된다. 여자와 남자는 손가락 모양에서 심장의 형태, 소화기관, 직립보행을 하는 면까지 본질적으로 동일하다. 하지만 0.1퍼센트도 안 되는 아주 작은 DNA의 차이가 여자와 남자를 매우 달라보이게 만드는 것이다.

차별성을 어떻게 인정받을까를 고민하라

오늘날 기술적으로 큰 차이가 나는 제품은 찾아보기 쉽지 않다. 웬만한 TV나 핸드폰의 품질 수준은 꽤 잘 관리되고 있으며 성능도 비슷하다. 그런데 거의 동일한 DNA 구조를 가지고 있으면서도 0.1퍼센트의 차이 때문에 남녀가 확연이 구별되듯이, 제품의 작은 차이나 특징을 살려 두드러진 차이로 인식시키는 것이 마케팅적 차별화의 포인트라고 할 수 있다.

폭스바겐의 뉴비틀New Beetle 자동차는 엔진 크기나 성능 면에 있어서 사양이 비슷한 국산차보다 값이 2배가량 비싸다. 소비자가 인식할 수 있는 차별적 가치를 디자인 능력으로 창출했기 때문이다. 그러므로 '마케팅 전략'을 한마디로 요약한다면 '어떻게 차별성을 인정받느냐'의 문제라고 할 수 있다.

마케팅 관점에서 차별성이 효과를 발휘하려면 '3D'를 갖추어야 한다. 즉, 차별점이 바람직(desirable)하고, 지속가능(durable)하며, 독특해야(distinctive) 한다.

바람직한 차별성

먼저, 차별점은 바람직한desirable 것이어야 한다. 많은 기업들이 차별화를 위해 고민하지만, 차별을 위한 차별화로 끝나는 경우가 허다하다. 차별점이 소비자들에게 실로 탐나는 특징이 되지 못한다면 의미가 없다.

수박 농사를 하는 일본 홋카이도의 한 농원에서 피라미드 모양과 직육면체의 수박을 재배하여 1만 5천 엔의 가격으로 시장에 내놓았다. 신기함으로 잠시 눈길을 끌지 몰라도, 시장을 주도할 수 있는 차별화는 아니다.

대부분의 핸드폰은 음성을 저장할 때 별표(*)를 누른다. 그런데 어떤 통신사가 별표(*)를 음성삭제의 기호로, 샵 버튼(#)을 음성저장의 기호로 사용하도록 만들어 사람들에게 혼돈을 준 적이 있다. 관계자에게 그 이유를 물으니, 1위 업체와 차별화하기 위해서 그랬단다. 차별점이 바람직한 속성이 되지 못하고 차별을 위한 차별화로 치우치면 소비자의 외면을 자초할 뿐이다.

미국의 GM자동차그룹은 캐딜락부터 시보레에 이르기까지 다섯 개의 브랜드로 서로 다른 타깃을 겨냥해왔다. 하지만 브랜드별 개성 창출을 위한 깊은 고민 없이 의미 없는 차별화를 계속해온 결과, 위기에 봉착하고 말았다. 차별점이 소비자에게 바람직하게 인식되지 못하면 브랜드의 존재 이유는 사라지고 만다.

지속가능한 차별성

둘째로, 차별점은 지속성durable이 있어야 한다. 포르쉐 자동차의 디자인 정책은 '바꾸어라, 그러면서 바꾸지 마라(Change it, but do not change it)'이다. 즉, 세태에 맞는 변신은 계속하되, 근본이 되는 프로토타입(prototype, 原型)은 바꾸지 않는다는 것이다. 그렇게 함으로써 포르쉐는 늘 새로우면서도 '포르쉐다움'이라는 차별성을 잃지 않고 있다.

앱솔루트Absolut 보드카의 '결코 달라지지는 않겠지만, 늘 변화합니다(Never different, but always changing)'라는 슬로건도 같은 맥락이다. 차별화 포인트로서 독특한 병 모양을 지속적으로 활용하지만, 병 모양의 표현은 탄성을 자아내리만치 다양하여 소비자의 눈길을 끈다.

아이팟은 셔플shuffle, 미니mini, 나노nano, 3세대3G, 터치touch까지 진화를 계속하면서도 동일한 디자인 플랫폼platform에 기반을 두고 있다. 각각 다른 것 같지만 동일한 디자인 정체성을 유지함으로써 '아이팟

다운' 차별성을 유지하고 있는 것이다.

독특한 차별성

셋째, 차별성의 가장 중요한 포인트는 남들이 갖지 못한 독특함 distinctiveness을 보이는 데 있다. 이렇게 하는데는 기본적으로 세 가지 방법이 있는데, '최초(the first)'이거나 '유일(the only)'하거나 '최고 (the best)'라는 점을 부각시키는 것이다.

우선, '최초first'라는 포인트는 그 자체의 마력으로 사람들을 끌어당 긴다. 곰탕집들이 서로 '원조'임을 내세우는 이유가 거기에 있다. 삼 성전자나 LG전자의 김치냉장고가 기술면으로는 딤채에 뒤지지 않겠 지만, 딤채가 시장을 처음 개시한 덕분에 치열한 경쟁구도 속에서도 선전하고 있다.

'유일only'하다는 점을 드러내기 위해서는 독특한 모양이나 특성을 내세울 수 있다. 미국의 가구회사인 허먼 밀러Herman Miller가 만드는 에어론 체어Aaron Chair는 공기가 통하는 그물망 소재인 메쉬mesh로 만 든 인체공학적 디자인으로 사무용 의자의 모범답안을 제시했다. 덕 분에 소비자들로부터 '세상에서 제일 편한 의자'라는 평가를 받고 있 다. 이처럼 어떤 분야에 가장 정통한 전문회사라고 알려지는 것은 유 일함을 강조하는 한 방편이 된다.

'최고best'임을 강조하여 차별화를 꾀할 수도 있다. '1위 브랜드'라 고 하면 소비자들은 이미 검증이 되었다고 인정하기 때문에, 기업들

은 시장점유율 면에서 선도기업market leader의 자리를 차지하려고 각
축전을 벌인다. 베스트셀러는 그 자체로서 차별화가 되는 것이다. 명
품 브랜드들이 그러하듯이, 오랫동안 최고로 인정 받아온 전통heritage
있는 회사임을 알리는 것도 차별화의 포인트가 된다.

차별화를 달성하는 세 가지 전략, 즉 '최초, 유일, 최고'를 부각시키
는 방안에 대해서는 다음 장에서 더 많은 사례와 함께 구체적으로 다
루도록 하겠다.

'**최초**'라는 **인식**을 심어라

차별화를 달성하는 구체적인 방안 중의 하나는 최초the first임을 부각시키는 전략이다. '최초'라는 말은 우선, 최신the latest의 유행을 선도하는 제품trend setter이란 의미를 갖는다.

패션업종의 경우 시장조사에서부터 신제품이 매장에 공급되는 데까지 6개월이 걸리는 것이 일반적이지만, 패션업계의 강자로 떠오른 자라Zara는 2주일 정도면 이 과정을 모두 끝낸다고 한다. 2백여 명의 트렌드 스포터trend spotter로 불리는 '길거리 디자이너'들이 소비자들의 패션 니즈와 유행을 수시로 포착하기 때문이다.

또한 어떤 디자인의 제품도 매장에 4주 이상 걸려 있지 않기 때문에 자라의 열성 고객들은 자주 매장을 방문하게 마련이다. 제품의 수명주기를 짧게 가져간다는 말은 소비자의 선호도에 맞출 확률이 그만큼 높아짐을 의미한다.

업계의 평균에 따르면 고객들이 자신이 선호하는 매장을 방문하는 회수는 1년에 세 번 정도인데, 자라의 경우 17번으로 5배가 더 높다.

변화하는 트렌드에 신속하게 맞추려다 보니 자라는 광고를 제작할 틈도 없다. 매장이 바로 광고 자체인 셈이다.

시대의 흐름에 남보다 먼저 맞춰라

'최초'라는 말은 사람들의 생각이나 시대의 흐름에 남보다 먼저 맞춘다라는 의미도 된다. 최근의 친환경 소비 풍조에 적극 대응해 구미와 일본 등지에서 폭발적인 인기를 모으고 있는 것이 프라이타크Freitag라는 메신저 가방이다. 스위스에 자리한 이 회사는 폐차장에서 가져온 화물차의 방수 덮개나 에어백을 재활용해서 가방천을 만들고 안전벨트로 가방끈을 붙였다.

그러나 단순히 재활용품을 원자재로 만든 제품임을 표방하려는 게 아니다. 화물차 덮개로 만들어 완전 방수가 가능하고, 안전벨트를 이용해 가방의 끈을 만들어서 절대 끊어지지 않는 내구성을 더했다. 또한 버려진 트럭 덮개를 이리저리 잘라 만들었기 때문에 똑같은 무늬의 디자인이 없고, 일일이 손으로 만들어 마감이 야무지다.

프라이타크는 매장의 디스플레이도 새롭다. 속이 들여다보이는 박스에 가지런히 쌓아놓아 그 박스들만으로도 멋진 예술품처럼 느껴진다. 재활용품으로 만들었다고 해서 엉성한 것이 아니고, 오히려 더 멋지고 개성 있는 패션 제품을 만들었기에 개당 15~40만 원을 호가해도 없어서 못 파는 제품이 되었다.

프랑스의 시인이자 평론가인 폴 발레리Paul Valery의 어록 중에 "새로운 것이 사랑을 받으려면, 인간의 가장 오랜 욕구에 응하는 것이어야 한다."라는 말이 있다. 사람들은 새로운 것을 좋아하지만 처음 선보이는 제품이 꼭 호의적인 반응을 보장받는 것은 아니다. 인간의 들춰지지 않은 욕구를 새로이 건드렸을 때, 그 제품이 성공할 수 있다.

오래되었음을 주장하라

'최초'라는 말은 '새롭다new'는 의미도 되지만, 역설적으로 '가장 오래 되었음the oldest'을 주장하는 것이기도 하다.

리바이스 청바지의 홈페이지는 초기에 만든 낡은 청바지 사진으로부터 시작된다. 1873년부터 만들어지기 시작한 리바이스는 실용의 상징으로부터 자유의 상징으로, 보보스의 라이프스타일에서 최신 패션에 이르기까지 청바지 역사의 원조임을 암시하는 것이다.

어느 분야에서든 제일 먼저 그 카테고리를 개시하면 오리지널original이란 이미지 때문에 프리미엄으로 대접받는다. 일본의 오래된 식당들이 수백 년 동안 낡고 때 묻었음을 자랑할 수 있는 것도 '진정성authenticity'을 인정받는 근거가 되기 때문이다.

그런데 실제로는 오래되지 않았더라도 그런 이미지를 차용할 수 있다. 낭만적인 이탈리아 에스프레소 바의 편안하고 따스한 분위기를 자기 것으로 만들어 성공한 사례가 스

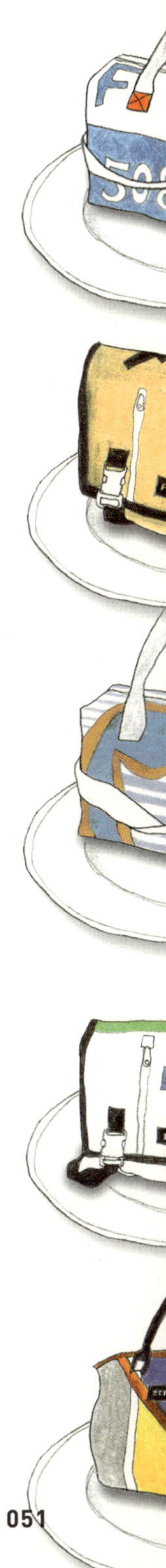

타벅스다.

새로운 카테고리를 창출하라

'최초라고' 인식되는 것 못지않게, 사람들의 머릿속에 '최초로' 인식되는 것도 중요하다. 세상에서 제일 높다는 빌딩의 기록은 수시로 갱신되기 때문에 사람들은 가장 높은 빌딩이 어떤 것인지 확실히 알지 못한다. 다만 엠파이어스테이트 빌딩이 더 이상 1등이 아니라는 것만은 알고 있다. 그 말은 역설적으로 엠파이어스테이트가 아닌 그 어떤 건물이 가장 높다고 해도 그 키 재기는 어차피 무의미하다는 뜻이 된다. 초고층 건물의 오리지널은 어쨌든 엠파이어스테이트 빌딩인 것이다. 이처럼 사람들의 마음에 최초로 자리 잡는다면, 다른 정보가 그들의 기억을 대치하기가 쉽지 않다.

마케팅에서도 마찬가지다. 어떤 카테고리에 있어 고객의 마음속에 가장 먼저 자리를 잡는 것이 관건이다. 간장 하면 '샘표'가 아직도 타의 추종을 불허하며, 소화제라면 많은 사람들이 '활명수'를 찾는다. 식용유 시장의 경쟁이 치열하지만 아직도 '해표'가 시장을 선도하고 있으며, OA업체들이 범람하는 가운데서도 복사기라면 '신도리코'를 꼽는다. 모두 사람들의 마음속에 가장 먼저 자리 잡은 덕이다.

그러므로 자사의 제품이 카테고리의 최초가 아닌 경우라면, 새로운 카테고리의 창출을 고려해야 한다. 탄산음료, 스포츠음료, 생수 등이 각축을 벌이고 있는 음료수 시장에서 '스타일 음료'라는 새로운 카테고리로서 '비타민워터'가 선풍적인 인기몰이를 하고 있다. 각종 비타민 성분을 나타내는 서로 다른 색상의 음료가 패션 소품이라 해도 과언이 아닐 정도로 화려하다. 비타민워터는 기능성 스타일 음료의 대명사가 되어가고 있다.

어떤 카테고리를 처음으로 개시함으로써 바바리코트(버버리 Burberry의 트렌치코트)나 스카치테이프(3M의 비닐 투명 테이프), 크리넥스(킴벌리의 화장지), 라이방(레이밴의 선글라스), 호프집(OB맥주의 가판점 명인 호프Hof) 등과 같이 브랜드가 그 카테고리 자체의 대명사처럼 명명된다면, 소비자들의 머릿속에 유리하게 자리 잡을 것이다.

오직 '하나'뿐인 것으로 인식시켜라

'유일함the only'을 내세우는 것은 마케팅적 차별화의 핵심이다. 마케팅 분야의 베스트셀러 작가인 세스 고딘Seth Godin은 '보랏빛 소purple cow'처럼 유별나게 돋보이지 않고는, 치열한 마케팅 경쟁에서 살아남기 힘들다고 경고한다. 특허제도를 만들어 기술이나 디자인의 유일함을 인정받고 보호받으려 하는 것도 '유일함'의 시장가치가 높기 때문이다.

그래서 마케팅에서는 자신만의 유일함을 표출하려 애를 쓴다. "세계 유일의……"라는 문구는 가장 파워풀한 광고 문구 중 하나다. 그 브랜드만이 세상에서 유일하게 제공할 수 있는 특징이 있다면, 그것만으로도 사람들의 호기심을 자극하기 때문이다.

독특한 디자인으로 승부하라

유일하게 보이는 가장 용이한 방법은 특이한 모양unique design을 갖추는 것이다. 이탈리아의 알레시Alessi는 주전자, 냄비, 감자깎기 등 주

방용품을 판매하는 회사였는
데, 필립 스탁Philippe Starck과 같
은 포스트 모던한 제품 디자이
너들과 협력하면서 디자인회사
로 거듭났다. 그들은 칫솔에서
쓰레기통에 이르기까지 집 안
의 모든 용품을 색다르게 디자
인해 판매한다. 사람들은 흔히
볼 수 없는 독특하고 멋진 쓰레
기통을 보게 되면, 바꿀 생각이

전혀 없었더라도 새로운 것을 구입하곤 한다.

덴마크의 오디오 전문업체인 뱅 앤 올룹슨Bang & Olufsen은 음향에
관심을 기울이는 오디오 마니아층이 선호하는 제품은 아니다. 그러
나 눈에 띄는 독특한 디자인 때문에 상류층의 거실을 장식하곤 한다.
남들이 가지고 있지 않은 제품을 과시하려는 소비자의 자기만족 욕
구를 충족시켜주기 때문이다.

남다른 디자인을 통한 차별화는 미학적인 면뿐만 아니라 기능적인
면에서도 가능하다. 미국인들은 2~3년에 한 번씩 집 안팎을 칠하곤
하는데, 대개의 경우 자신들이 손수 칠을 한다. 그런데 기존의 페인트
통은 모양이 둥글다보니 롤러를 담글 수 없어서 페인트를 다른 용기
에 덜어 써야 할 뿐 아니라, 쓰고 남은 페인트가 말라붙어 나중엔 뚜
껑을 열기도 매우 불편하다.

더치 보이Dutch Boy라는 회사는 사각의 플라스틱 페인트 통을 만들

면서 윗부분은 롤러를 직접 굴리며 페인트를 묻힐 수 있게 만들었을
뿐만 아니라, 뚜껑을 열고 닫기도 편리하도록 디자인했다. 더치 보이
는 페인트의 품질로서만이 아니라 독특한 기능적 디자인으로 시장을
선도하는 제품이 되었다.

한 분야의 전문기업으로 인식시켜라

어떤 분야의 전문적인 회사로 알려지는 것unique specialty도 유일함을
표방하는 한 방법이다. 고어텍스Gore-tex는 아주 작은 구멍이 무수하
게 뚫린 천으로서, 250만 분의 1밀리미터인 수증기는 통과할 수 있지
만 1밀리미터 크기의 빗방울은 통과하지 못한다. 그래서 옷 안쪽의 땀
이나 증기는 밖으로 나가지만 빗물은 안으로 들어올 수 없다. 방수가
되면서 습기도 제거할 수 있는 것이다. 고급 등산복을 찾는 사람들은
어떤 브랜드의 옷을 사든지, 고어텍스 옷감을 사용했는지 확인한다.

일본의 마부치 모터Mabuchi Motor는 전기면도기, 카메라, CD나 카세
트 등에 쓰이는 소형모터만을 만들어왔다. 작은 소음도 허용치 않는
정밀 모터 시장에서 마부치의 기술은 독보적이어서 전 세계 시장의
70퍼센트를 쥐고 있다.

이처럼 어떤 분야의 전문적인 회사로 알려지면 소리 없이 세계 시
장을 제패할 수 있다. 독일의 저명한 경영학자인 헤르만 지몬Hermann
Simon은 그들을 가리켜 '숨겨진 챔피언hidden champions'이라고 추켜세
운다.

실제로는 유일한 전문업체가 아닐지라도, 사람들의 머릿속에서 유
일하게 떠오르는 기업unique recall이 되는 것도 한 방법이다. 쥐나 해충

을 방제해주는 기업은 많지만, 방역업체라고 하면 세스코CESCO가 떠오른다. 프라이팬은 테팔Tefal이 시장을 석권하고 있다. 눌어붙지 않는 프라이팬 전문회사로 알려진 덕이다. 전문적인 비즈니스 다이어리 회사라고 하면 사람들은 쉽게 프랭클린 플래너Franklin Planner를 떠올린다. 각 분야에서 거의 유일하게 머리에 떠오르는 전문 브랜드들이다.

소비자를 생산 과정에 동참시켜라

독특함이나 전문성을 가진 유일한 브랜드가 되는 것 외에, 소비자로 하여금 나만의 유일한 제품인 양 생각하도록 만드는 방법이 있다. 소비자가 제품의 생산 과정에 참여하는 것처럼 느끼게 하는 방법unique manufacturing이다.

퓨마Puma의 '몽골리언 슈 바비큐Mongolian Shoe BBQ'는 소비자가 바비큐 뷔페처럼 식판에 자기가 좋아하는 소재와 색상, 천 등을 선택하여 신청하면 그 사람만의 신발을 만들어주는 색다른 발상의 제품이다.

아이스크림 업체인 콜드스톤Cold Stone 매장에서는 소비자가 아이스크림과 함께 배합하고 싶은 과일, 견과류, 캔디 등의 재료를 직접 고른다. 직원이 고객 앞에서 그 재료들을 차가운 돌판 위의 아이스크림과 섞어주기 때문에 소비자로 하여금 직접 생산 과정에 동참했다는 생각을 갖게 만든다. 이미 만들어진 아이스크림이 아니라 내 입맛에 맞는 나만의 아이스크림을 만들어 먹는다는 즐거움에 인기를 끌고 있다.

일본 패션 디자이너 이세이 미야케Issey Miyake의 라인 중에 'A·POC

(A Piece Of Cloth)'이라는 브랜드가 있다. 이 제품은 두 겹의 천에 옷 모양이 재단되어 있지만, 완전히 재단되지 않고 중간 중간이 이어져 있다. 브랜드명이 말해주듯, 고객은 반만 재단된 '옷감 한 조각'을 집에 가져가 이어진 부분을 가위로 잘라내야 비로소 옷을 입을 수 있다. 그럼으로써 고객은 마치 옷의 제작과정에 참여한 듯한 느낌을 받게 되고, 결국 내가 만든 나만의 옷을 가질 수 가진다는 자부심을 갖게 된다.

가수 나훈아 씨의 '사랑'이라는 히트곡에 "이 세상에 하나밖에, 둘도 없는 내 사랑아~"라는 가사가 있다. 유일함에 대해 이만큼 잘 설명하는 말도 없을 것이다. 둘도 없는 제품을 쓰고 있다는 생각은 소비자에게 특별한 기쁨을 더해준다.

일정 분야에서 '일등'으로 기억시켜라

차별화를 실현할 수 있는 세 가지 구체적 방안, 즉 최초the first, 유일함 the only, 최고the best 중 마지막 요건에 대해 설명하고자 한다.

우수한 제품은 마케팅 성공의 필요조건이다. 제품은 그 자체로서 최고임을 인정받을 수 있다. 70년 전통의 곰탕집, 하동관을 점심시간에 가면 언제나 기다리는 줄이 길게 늘어서 있다. 인테리어가 고급스러운 것도 아니고, 아리따운 여직원의 친절한 서비스가 있는 것도 아니지만, 수많은 사람들이 인정하는 맛 자체로서 승부를 걸고 있다. 그러나 이처럼 여러 사람들에게 최고의 품질로 인정받기는 쉽지 않다.

최고라고 인정받기 위해서는 품질이 중요하다. 그러나 품질의 우수성만으로 최고를 가리는 것은 아니다. 최고임을 널리 인정받아야 한다. 그러기 위해서는 적어도 세 가지 방법이 있다.

시장점유율 1위를 선점하라

첫째는 시장점유율에서 어떡해서든 1등을 차지하는 것이다. 햄버거 시장에서 맥도날드가 그랬던 것처럼, 면도기 시장에서 질레트가, 과일통조림 시장에서 델몬트가, 또 국내 핸드폰 시장에서 애니콜이, 탈취제 시장에서 물먹는 하마가 그랬던 것처럼, 1등을 차지하고 지켜야 한다.

시장점유율 1위 기업의 제품이라고 해서 품질이 반드시 제일 좋은 것은 아니다. 웬만한 제품은 선두 브랜드와의 기술적인 차이가 두드러지지 않는다. 그래도 어떻게든 1등을 해야만 최고로 인정을 받을 수 있다. 차선에 만족하는 것은 최고로 인정받는 데 제일 큰 적이다.

한 브랜드가 일단 사람들의 마음속에 1등으로 자리를 잡게 되면, 그 후에 따라갈 회사는 힘든 게임을 하게 된다. 소비자들은 1등은 뭐가 나아도 낫다고 생각하기 때문이다. 남들이 많이 사는 제품을 사면 위험부담이 적다고 생각하는 소비자의 심리가 선두기업을 도와주는 것이다. 한 번 1위를 차지하고 나면 쉽게 내려가지도 않는다. 많은 사람들이 그 제품에 익숙해지면 습관적으로 그 제품을 찾기 때문이다.

GE에서 기업의 경영성과에 영향을 미치는 시장 전략 요인이 어떤 것인가를 알기 위해 대규모 연구를 진행한 바 있는데, 그 결과가 유명한 PIMS(Profit Impact of Market Strategy)이다. 미국과 유럽 450개

기업의 3,000여 개 사업체를 대상으로 진행한 이 분석 보고서의 가장 중요한 결론은 "높은 시장점유율이 높은 수익을 가져온다."는 점이다. 시장점유율이 큰 기업은 상대적으로 규모의 경제를 누릴 수 있어 원가우위를 확보할 수 있으므로 수익성이 좋다는 것이다.

유명인을 활용하라

최고를 인정받는 두 번째 방법은 유명인이 좋아하는 제품이라는 소문내기이다. 독일의 스포츠용품 업체인 푸마Puma는 별 특색이 없어 사람들의 기억 속에서 사라지면서, 1993년에는 파산 직전에 이르게 된다. 새로이 영입된 자이츠Zeitz 사장은 유명 디자이너들의 도움을 받아 디자인으로 승부를 걸려고 했지만 뜻대로 되질 않고 있었다.

이때 인기가수인 마돈나가 2002년 공연투어 중에 산타모니카의 한 매장에 들러 16켤레의 푸마 신발을 산 것이 획기적인 계기가 되었다. 그 소문은 사람들이 푸마에 관심을 기울이는 사건이 되었고, 자이츠 사장은 "이 일로 제품의 정통성을 인정받게 되었다It legitimized products."고 회고한다. 그 후 2년도 채 안 되어 푸마의 시장점유율은 거의 세 배가 되었다.

영화배우이자 모나코의 왕비였던 그레이스 켈리는 임신한 배를 에르메스Hermes의 커다란 가방으로 가려 화제가 되었었다. 그 가방은 '켈리백'이란 별칭으로 지금도 구매하려면 2~3개월을 기다려야 하는 전설의 제품이 되었다. 켈리백 때문에 에르메스가 더욱 널리 알려지게 되었다고 해도 과언이 아니다.

미국의 인기 있는 TV드라마였던 '섹스앤더시티Sex and the City'에서 출연자들이 극 중에서 구매하는 제품이나 방문하는 식당 등은 즉각적으로 명소가 되곤 하였다. 우리나라에서 음식점에 유명인이 왔다 간 사진과 사인 등을 걸어 놓는 것도, 그런 명사도 즐겨 찾는 최고의 식당임을 인정받으려는 의도에서다.

브랜드의 역사와 전통을 관리하라

세 번째는 헤리티지(heritage, 대대로 물려받은 전통)를 자랑하는 것이다. 대를 이어 전해질 때는 까닭이 있기 때문이다. 위에 언급한 하동관도 3대를 이어오는 곰탕집이라는 점이 맛의 탄복을 자아내는 데 도움이 된다.

소위 명품으로 불리는 제품에는 헤리티지가 없는 경우가 없다. 그들의 사이트에 들어가보면 한결같이 전통tradition이나 유래history를 강조하고 있다.

1837년에 설립된 티파니는 최상급의 원석을 더욱 아름답게 보이도록 끊임없이 기술을 개발해왔다. 예를 들어 6개의 백금발로 보석을 받쳐 보석이 더 빛나 보이게 하는 특별한 세팅six-prong setting 기술은 '티파니 세팅'이라는 이름으로 널리 알려져 왔다. 매년 새로이 개발된 가공기술과 티파니 보석과 얽힌 사연들은 그들의 오랜 역사만이 줄 수 있는 고유한 자산인 것이다.

유럽 귀족에게 납품하기 위한 마구馬具 작업장으로 시작한 에르메스Hermes도 그 기원이 170년 전으로 거슬러 올라간다. 바이올린이 좋은 소리를 내기 위해서는 세월이 필요하듯이, 그 장구한 세월 동안 쌓인 역사성은 어떤 분야의 최고임을 인정받는데 필수불가결한 조건이다.

그러므로 기업들은 브랜드의 역사를 소중히 관리해야 한다. 110년 전통의 부채표 활명수는 "부채표가 없는 것은 활명수가 아닙니다."라고 자랑스레 얘기할 수 있다. 하지만, 전통성은 끊임없이 갈고닦지 않으면 그 빛깔이 쉽게 바래고 만다는 점을 유념해야 한다. 헤리티지를 잘 계승 발전시키는 데는 피가 마르는 노력이 필요하다.

소비자의 마음을 여는 시크릿 코드

PART 2

SECRET CODE of MARKETING

브랜드를 자주 노출시켜라

소파에 비스듬히 누워 TV를 보다가 조는 모습, 보던 신문을 무릎 위에 얹어 놓은 채 잠자는 모습 등은 우리가 집안에서 흔히 볼 수 있는 풍경이다. GE에서 오랫동안 광고 연구를 담당했던 허버트 크루그먼 Herbert E. Krugman은 사람들이 TV를 볼 때는 마음이 너무 풀려서 잠이 들고, 신문 등을 볼 때는 쉽게 피로해져서 잠이 들곤 한다고 말한다. 그러니 TV 광고든 인쇄광고든 대부분의 경우 소비자는 광고에 온 정신을 집중하기보다는 그저 슬쩍 보고 지나가기 일쑤이다.

자주 접하면 호감이 생긴다

어차피 눈여겨볼 광고가 아니라면, 비싼 광고를 자주 보여준다고 해도 소용이 없는 것은 아닐까?

교육심리학자였던 손다이크 Edward L. Thorndike는 학생들의 교육에 쓸 단어를 선정하기 위해, 각종 서적과 신문 등에서 쓰이는 단어의 빈도수를 조사하여 책으로 출간한 바 있다 The Teacher's Word Book. 그 일을 한 사람들이 센 단어가 총 450만 개에 달했으며, 오늘날 영어사전에 수록된 각 단어 앞에 3개 또는 2개의 별표 등으로 빈도수를 표시한 것이 바로 이 조사에 기초한 분류이다.

한편 앤더슨Anderson은 이 조사결과를 이용해 사람들이 각 단어를 얼마나 좋게 생각하는지에 대해 알아보았다. 그 결과, 단어의 의미와는 관계없이, 자주 쓰인 단어일수록 더 좋게 생각하고 자주 쓰이지 않는 단어들은 덜 좋게 생각하는 것으로 나타났다. 즉, 어떤 단어를 단순히 자주 접함으로써 그 단어가 공연히 좋아지게 되는 신기한 현상인데, 이를 '단순노출mere exposure에 의한 호감 형성'이라고 한다. 말하자면 어떤 정보에 반복적으로 노출될 때 그 정보에 친밀감이 생기고, 그 결과 긍정적인 감정을 갖게 된다는 것이다.

이러한 단순노출의 효과를 본격적으로 연구한 학자는 자이언스Robert Zajonc이다. 자이언스가 행한 수많은 실험 중의 하나를 살펴보자. 그는 대학 일간지 귀퉁이에 매일 큼직하게 한자漢字를 하나씩 실었다. 물론 대다수의 미국 학생들에게는 아무런 의미를 지니지 않는 글자였다. 두 달간에 걸쳐 어떤 한자는 한 번, 어떤 한자는 두 번, 어떤 한자는 세 번 보여주었다.

그 후 캠퍼스에서 학생들을 무작위로 뽑아 각 한자를 보여주며, 그 뜻이 좋은 것일지 나쁜 것일지에 대한 의견을 물어보았다. 글자의 뜻을 알 리 없던 학생들은 짐작으로 대답했다. 그럼에도 학생들은 자주 본 한자의 뜻이 좋을 거라고 생각하고 있었다. 미국 학생들에게는 아무 의미가 없는 글자였지만 단순히 접하는 횟수가 많았던 한자를 좋은 뜻으로 인식하는 것이었다.

얼굴 사진을 찍어, 하나는 정상적으로 인화하고 다른 하나는 반대로 인화하였다고 하자(즉, 가르마를 비롯, 오른쪽과 왼쪽이 바뀌어 보일 것임). 친구들은 정상적으로 인화된 사진이 더 잘 나왔다고 말하지만, 본인은 십중팔구 반대로 인화된 사진이 더 잘 나왔다고 생각한다. 누구나 익숙한 얼굴 모습을 더 좋아하기 때문인데, 항상 거울을 통해 거꾸로 비친 자기 모습을 보아온 본인은 반대로 나온 사진을 더 좋아하는 것이다.

처음에 봤을 때는 못생겼다고 생각하여 관심도 없던 이성도 우연한 기회에 자꾸 만나다보면 그런대로 괜찮다고 생각되거나 심지어 그 사람이 좋아지기까지 하는 경험이 있지 않은가? 이처럼 반복된 노출은 친근감을 가져오고 결국 우호적인 태도 형성과 연결된다. 그래서 고운 면은 물론이지만 미운 면도 자주 보면 정情이 든다는 것을 우리는 "미운 정, 고운 정"이라고 표현한다.

연말에 각 기업은 사은품으로 달력을 배포한다. 소비자가 달력을 집에 걸어 놓는다면, 달력 밑의 상표를 1년 내내 보게 되는 셈이다. 소비자들이 그저 지나치더라도 그 상표를 더 잘 기억하고 친근감, 더 나아가서 호감을 갖게 되리라 기대할 수 있을 것이다.

이와 같이, 시각적 정체성은 통일된 이미지의 상표, 심벌, 로고 등을 다양한 방법을 통해 반복적으로 노출시킴으로써, 기업이나 제품에 대해 친밀감과 호감을 형성하게 한다.

고관여 상황에서는 단순 반복하지 마라

소비자들이 매번 광고를 눈여겨보리라 기대할 수는 없다. 그러나

그저 스쳐 지나가듯 보더라도 한번 스쳐간 광고보다 두 번 본 광고의 제품을, 두 번 본 광고보다 세 번 본 광고의 제품을 더 잘 기억하고 보다 친근감을 갖게 되리라 기대할 수 있을 것이다.

그런데 위에서 설명한 단순노출의 효과는 심벌, 마크, 로고 등과 같이 그 정보를 따로 해석하거나 이해하려 애쓸 필요가 없는 단순한 것에서 더 잘 나타난다. 어떤 구성과 내용이 사람들로 하여금 몰입되게 하는 것일수록high involvement situation 내용이 반복되면 마모효과wear-out effect가 생겨, 오히려 부작용이 생긴다.

그러므로 기본적 메시지는 동일하게 유지한 채 광고의 형식요소만을 바꾸는 장식변형cosmetic variation은 마모효과를 없애는 한 방법이다. 미국 시장에서 맥도날드 햄버거는 같은 TV 광고를 1주일 이상 보여주지 않는다. 우정, 가족 간의 유대 등 주제theme를 일정기간 동안 동일하게 유지하면서도 광고의 내용은 계속 바꿔가며 보여주는 것이다. 광고의 내용도 단순해서 소비자들은 친구의 미소, 단란한 가족의 모습 등 광고의 어느 한 커트만 봐도 맥도날드가 전해주려는 의미를 알게 된다. 그러면서 맥도날드의 음악, 상표, 이미지 등은 반복적으로 노출시킨다.

때로는 평범한 광고가 더 효과적이다

위에서 한 설명들을 종합해보면, 사람들이 어떤 상표, 심벌, 징글 등 각별한 주의를 기울이지 않아도 되는 단순한 정보를 자주 접한다면, 그것들을 좋아할 가능성이 높아진다. 그런데 이런 자극들을 소비자에게 제시하기 위해서는 반복적으로 광고를 해야 하는데, 몰입시키는 광고일수록 반복되면 소비자가 오히려 싫증을 내게 된다.

똑같은 광고에 대해서 소비자들이 평균적으로 몇 번만에 싫증을 내는지는 시청자의 유형, 매체의 특성, 광고 간의 시간간격 등 여러 요소에 달려 있다. 물론 내용을 적절히 바꾸어가며 광고를 자주 보여주면 싫증도 안 내고 반복광고의 효과를 높일 수 있을 것이다.

그러나, 예산상의 제약 등으로 광고하는 내용을 계속 바꾸는 것은 현실적으로 힘들다. 반복에 의한 호감을 얻기를 원한다면 차라리 광고 자체를 평범하게 만드는 것이 좋을 것이다. 평범한 광고보다 유머광고와 같은 특이한 광고일수록 광고 자체에 대한 싫증이 더 빨리 나타나기 때문이다. 또는 제품의 모습을 곁들인 한 컷의 사진을 실은 잡지광고 등과 같은 인쇄매체를 이용하면 이미지 전달과 반복 광고의 더 큰 효과를 기대할 수 있다.

어떤 형태로든 **심적 압박**을 주어라

1978년 존스타운에서 900여 명이 독살된 사건이 일어났다. '인민사원'이라는 종교단체를 이끌던 사이비 목사 짐 존스가 신도들에게 극약을 마시고 단체로 자살하도록 사주한 것이다. 한국에서도 종말론을 믿던 사이비 종교단체 일원들이 집단 자살을 한 오대양 사건이 있었다.

이러한 사건들을 접하면 그 끔찍한 결과에 몸서리치면서도, 한편으론 어떻게 그 많은 사람들이 죽음이라는 어려운 결정을 쉽사리 내리도록 유도할 수 있었을까 하는 의문이 생긴다. 나아가, 어떻게 하면 다른 사람이 그처럼 자신의 말을 믿고 따르게 할 수 있을까 궁금하기도 하다.

다른 사람의 생각과 마음을 자기가 의도하는 방향으로 움직여 자사 제품을 구매하도록 만들고 싶어 하는, 즉 다른 사람들에게 영향influence을 행사하고 싶어 하는 마케팅 관리자라면 궁금증이 한층 더할 것이다.

그러면, 어떻게 남에게 영향을 행사할 수 있을까? 영향을 미치는 방법은, 영향을 미치기 위해 남에게 주어야 하는 심리적 압박인 강제성의 정도에 따라 복종, 설득, 순응, 모방의 네 가지로 나눌 수 있다.

심적 압박을 느끼게 하라

남의 말에 따르는 이유가 강제성 때문인 경우, 우리는 그것을 '복종obedience'이라고 표현한다. 대표적인 예는 군대의 명령이다. 군대에서는 군법을 강제적으로 적용시키므로, 전쟁터에 나가라는 명령이 떨어지면 이에 복종하여 목숨을 걸고 싸워야 한다. 이처럼 강제성을 동원할 수 있는 경우, 남을 복종시켜 나의 말에 따르도록 할 수 있다.

복종의 경우처럼 직접적인 강제성을 띠지는 않지만, 조직의 규율이나 사회의 압력과 같은 간접적인 강제성을 이용해 남에게 영향을 행사하는 것을 '설득persuasion'이라고 한다. 설득은 기본적으로 남에게 정보를 주어 그 정보를 믿고 따르게끔 하는 방법인데, 이 역시 강제성이 커질수록 효과가 커진다. 이때, 제공하는 정보는 사실fact일 수도 있고 단순히 의견opinion일 때도 있다.

어떤 사실fact을 남에게 전하여 그것을 믿게 하는 것을 우리는 '교육education'이라 한다. 교육도 어느 정도의 강제성이 있을 때 효과적이다. 예컨대, 옛날에는 서당 훈장님의 회초리가 있었고, 오늘날에는 교칙이 있어 마음대로 결석하거나 잘못을 할 수 없도록 한다.

또 남에게 나의 의견opinion을 반강제적으로 따르게 하는 것을 '프로파간다propaganda'라 한다. 프로파간다의 어원은 라틴어에서 유래된 것으로 '대중심리를 조종하는 선전 전략'을 말한다. 공산당은 인민재

판이란 도구로 심적압박을 가한다. 사람들은 군중으로 모여 의사결정을 할 때 쉽게 감정적이 되는 점을 이용하는 것이다. 존스타운에서 일어난 900명 독살 사건이나 오대양 사건도 사이비 교주의 비뚤어진 의견을 실질적 처벌이나 집단적 압력을 이용하여 반강제적으로 설득시킨 경우라 하겠다.

하지만 마케팅 상황에서는 강제성을 동원하기가 그리 쉬운 일이 아니다. 도리어 반발을 가져올 수 있기 때문이다. 그러므로 강제성이 덜하면서도 남에게 영향을 줄 수 있는 방법들이 주로 사용된다.

기브-앤드-테이크의 법칙

강제성을 별로 띠지 않으면서 나의 말을 따르도록 하는 방법을 '순응compliance'이라고 한다. 순응의 원리는 '호혜reciprocity'이다. 즉, 사람들은 받은 것이 있으면 주고 싶어 하고, 준 것이 있으면 언젠가 다른 것으로 보상받지 않을까 기대한다. 말하자면 '기브 앤드 테이크give and take'의 원칙이다.

브리검영대학교의 사회학과 교수인 쿤즈Phil Kunz는 전혀 모르는 사람들에게 '나는 당신을 잘 모르지만 여하간 기쁜 성탄절을 맞으시길 바란다'라는 내용의 크리스마스카드를 보내보았다. 몇 명 정도가 반응할 것이라고 기대하긴 했으나, 뜻밖에도 절반 이상이 답장을 보내왔다. 이처럼, 사람들은 받으면 다시 줌으로써 마음의 빚을 청산하고자 한다. 그러니 남에게 마음의 빚을 지우면 이 또한 간접적으로 심적 압력을 넣는 셈이다.

그러면 호혜를 불러일으킬 수 있는 방법에는 어떤 것이 있는가.

첫째, 상대방이 미안한 마음을 갖도록 하는 것이다. 그러면 미안한 마음에 상응하는 다른 일을 기꺼이 해주고자 한다. 주방용품 브랜드로 유명한 타파웨어Tupperware는 소비자들을 대상으로 파티를 열어준다. 파티에서는 제품 설명과 함께 간단한 게임을 하여 이긴 사람들에게 선물을 주는데, 게임이 끝난 후 진 사람들에게도 선물을 하나씩 골라 가지도록 한다. 게임에서 이기지도 않았는데 선물을 받은 사람들은 미안한 마음에 타파웨어의 제품을 무엇이라도 사줘야겠다는 생각을 갖게 된다. 뿐만 아니라 자기가 물건을 사는 이유가 단순히 공짜로 받은 선물 때문이 아니라는 것을 보이기 위해 남보다 더 많이 사기도 한다.

둘째, 편의를 봐주거나 호의를 베푸는 것도 남이 나에게 빚을 한 번 졌다고 생각하게 하는 방법이다. 핸드폰이 보급되기 전에 급하게 전화 할 일이 있는데 공중전화가 없으면 근처 구멍가게에 들어가 전화를 빌려 쓰는 일은 다반사였다. 그런데 전화를 하고 나서 굳이 통화료를 안 받으면, 전화를 빌려 쓴 사람은 아무 물건이나 구매하려 든다. 물건을 사줌으로써 고마움을 갚으려는 것이다.

큰 요구부터 시작해보라

세 번째는 타협이다. 타협이란 쌍방이 조금씩 양보하는 방법이다. 마케팅에서 자주 쓰는 '문전박대 당하기door-in-the-face' 전략이 그중 하나이다. 이것은 실제 요구하고 싶은 것을 잠시 감추어둔 채 우선적으로 그보다 훨씬 큰 거짓 요구를 하는 전략이다. 즉, 상대편이 면전에서 문을 닫아버릴 만큼 커다란 요구를 하여 이를 거절당하면, 호의를 요구하는 사람은 짐짓 약간 양보하는 체하면서 대신에 작은 요구는 들어줄 것을 청한다. 이렇게 먼저 커다란 요구를 했다가 거절당한 뒤 조그만 요구를 하게 되면 처음부터 조그만 요구를 했을 때보다 그 요구를 들어주는 확률이 훨씬 더 높아지는 것으로 밝혀졌다.

나는 이 방법을 설문지 조사할 때 많이 이용된다. 요즘은 주부들도 바쁘게 지내므로 방문조사 시에 설문 조사에 잘 응하지 않으려 한다. 이럴 때는 조사자가 우선, 답하는데 두 시간이 걸리는 설문지를 완성해주길 요구한다. 대부분의 사람들은 설문지에 그렇게 긴 시간 동안 대답하기를 일언지하에 거절한다. 그러면 조사자는 너무 바쁘시면 15분짜리 설문지 하나만 해주면 안 되냐고 사정한다. 처음부터 15분짜리 설문지를 내놓았다면 거절했을 법한 사람들도 앞서 두 시간짜리 설문지를 이미 거절한 후이므로 15분짜리는 대부분 해주겠노라고 대답한다. 요구받는 사람은 요구하는 사람이 양보를 했다고 생각하고 자신도 답례를 해야 한다는 압박감을 느껴 보다 작은 요구는 들어주겠다고 하는 것이다.

임금협상을 할 때 조합원의 인상목표가 5퍼센트라면, 처음부터 5퍼센트라고 말하는 바보는 없다. 머리에 띠를 매고 "20퍼센트 사수한다!"며 말도 안 되는 주장을 한다. 그러다가 조금씩 조율하며 마지못해 5퍼센트 선까지 양보하는 척, 타협을 이끌어낸다.

이와 같이 순응을 이끌어내는 원리인 호혜는 특히 개인적 접촉을 했을 때 용이한 것이어서 대량 마케팅mass marketing에서 보다는 B2B

마케팅이나 인적판매personal selling 상황에 더 적합하다.

대량 마케팅에서는 강제성의 정도가 가장 낮은 모방의 방법이 일반적으로 이용된다. 모방에 대해서는 다음 장에서 설명하겠다.

모방행동을 유도하라

어려서 할머니 무릎을 베고 듣던 옛날이야기가 있다. 모자 장수가 길을 가다 지쳐 나무 밑에서 잠이 들었다. 나무 위의 원숭이는 여러 개의 모자를 겹쳐 쓴 모자 장수를 보고 그를 흉내 내려고 모자를 훔쳐다 쓴다. 모자 장수가 잠을 깨보니 원숭이가 자기 모자를 쓰고 나무 위에 앉아 있는 것이었다. 모자 장수는 모자를 내놓으라고 소리치고 야단하지만 원숭이는 자기도 덩달아 소리치며 흉내만 낼 뿐 모자는 주지 않았다. 모자 장수가 궁리 끝에 자기 모자를 벗어던지는 시늉을 하자, 원숭이도 똑같이 흉내를 내며 모자를 집어던졌다. 모자 장수는 떨어진 모자들을 주워 가던 길을 재촉했다.

왜 타인의 행동을 흉내 내는 것일까

모자 장수는 원숭이가 흉내를 잘 내는 점을 역이용해, 힘들이지 않고 자기의 목적을 달성한 셈이다. 그런데 흉내 내기를 좋아하는 것은 원숭이뿐만이 아니다. 사람들도 남을 흉내 내려는 본성이 있다.

남에게 직접적인 심리적 압박을 주지 않으면서도 영향을 미칠 수 있는 방법인 '모방modeling'은 바로 사람들이 남을 흉내 내고자 하는 성향을 이용한 것이다. 그런데 원숭이는 재미로 흉내 낸다지만, 사람들은 어째서 남의 행동을 흉내 내게 되는 것일까.

사람이 성장하고 사회생활을 하면서 배워야 할 것이 너무나 많은데, 모든 걸 말로 배울 수는 없다. 그래서 눈으로 보고 흉내 내기를 하는 것이다. 더 나아가 자신의 행동에 대한 결과가 불확실할 때 다른 사람의 행동과 결과를 보면서 수정 모방함으로써 자신 행동의 위험을 감소시킬 수 있다. 사람들의 모방행동을 부추기는 방법은 여러 가지 형태가 있다.

시범을 보여 모방행동을 촉진시켜라

첫째는 관찰자 자신이 원하는 행동을 성공적으로 수행할 수 있다는 능력에 대한 기대self-efficacy expectation를 갖게 하는 것이다. 미국에서는 손수 집수리를 해야 하는 경우가 흔하므로 전기톱의 필요성을 느끼지만, 그 생김새를 보곤 겁에 질려 차마 사지 못하는 소비자들이 많다. 이를 인식한 시어스Sears 백화점에서는 모델(모방될 행동을 보여주는 사람)이 전기톱을 사용하는 것을 비디오로 찍어, 실제로 얼마나 안전하게 사용할 수 있는지를 항시 매장에서 보여주고 있다. 사람들은 모델이 어떻게 행동하는가를 눈여겨본 다음, 자기들도 그렇게 할 수 있는 능력이 있다는 확신이 생겨 구매하게 되는 것이다.

이렇듯 다른 사람들의 행동을 실제로 보여줌으로써 모방을 유발시키는 경우를 '관찰을 통한 모방observational modeling'이라 한다. 마케팅에서는 판매원이 시범을 보여주거나 TV광고 등을 통하여 다른 사람들의 행동을 보여줌으로써 모방을 촉진시키곤 한다.

이때, 사람들의 모방 행동은 모방 대상인 모델의 특성에 따라 영향 받을 수 있다는 점에 유의해야 한다. 이를테면, 모델이 인간적인 매력이 있을 때, 신뢰성이 있어 보일 때, 자신감이 있어 보일 때, 또는 모델이 보여주는 행동이 생생하고 자세할수록 모방 유발의 효과는 증대한다.

모델의 숙련 정도도 중요한 요소이다. 김장철에는 무를 써는 채칼 장수가 도처에 눈에 띈다. 만약 채칼을 파는 사람의 시범이 서툴다면, 이를 본 사람들은 채칼을 살 마음이 들지 않을 것이다. 그렇다고 채칼을 사용하는 솜씨가 너무 능란하다면 구경하는 사람들은 능력의 격차를 느껴 자기는 저렇게 잘할 수 없으리라 생각할 것이다. 그저 평범한 숙련도를 지닌 사람이 성의껏 시범을 보일 때 구경하는 사람은 자기도 할 수 있다는 자신감을 갖게 되어 구매하게 되는 것이다.

상상을 통해 모방을 유도하라

둘째, 관찰자가 자신들도 모델과 유사한 결과를 얻게 되리라는 기대감이 높아질 때 outcome expectation 모방이 더 많이 유발된다. 예쁜 여자가 나와서 화장품을 광고한다든지, 단정한 머리 모양을 한 모델이 샴푸 광고를 할 때, 사람들은 자기도 저 화장품이나 샴푸를 쓰면 똑같이 아름다워질 수 있으리라 기대를 하게 되고 그 결과 물건을 구매하기에 이르는 것이다.

　결과에 대한 기대를 눈으로 확인해야만 모방이 이루어지는 것은 아니다. 상상을 통해서도 달성될 수 있다. 이를 '암묵적 모방covert modeling'이라 한다. 1774년에 발행된 『젊은 베르테르의 슬픔』은 괴테의 이름을 알리기 시작한 명저이지만, 머지않아 유럽의 여러 나라에서 판매금지 판정을 받았다. 샤르로테에 대한 사랑을 이루지 못한 주인공 베르테르의 권총자살로 끝나는 이 소설을 보고, 수많은 젊은이들이 권총자살을 모방하여 목숨을 잃었기 때문이었다. 사람들은 눈으로 확인하지 않아도 상상만으로도 결과를 예상하며 남의 행동을 모방하는 것이다.

　암묵적 모방은 상상에 의한 것이므로 특히 라디오 광고에서 효과적이다. 미국의 펩시콜라 광고를 들어보면, 우선 한 여름철의 해변가를 묘사한다. 저 멀리 파도소리로부터 시작해서 점점 가까이 수상안전요원의 호각소리, 젊은이들의 고함소리 등, 해변가의 흥분과 함께 뙤약볕, 더위, 짜증 등을 연상하게끔 한다. 이때 타-악 하며 콜라 캔을 따는 소리에 뒤이어 방울방울 거품 튀는 소리가 들린다. 광고는 아무 설명 없이 '젊은 세대의 선택, 펩시콜라(Pepsi, The Choice of A New Generation)' 라고만 하고 끝을 맺는다.

아마도 이를 듣는 소비자가 청량감을 느끼고 다음에 언젠가 더위로 짜증스러울 때 그 방울 튀는 소리를 떠올리고 펩시를 선택해줄 것을 기대함이리라. 이러한 암묵적 모방은 상상을 통한 모방이므로 광고 제작비를 대폭 줄이고도 좋은 효과를 거둘 수 있다.

구전으로 모방을 유도하라

셋째, 어떤 부류의 사람이 되고자 하는 기대anticipatory expectation가 모방을 유발시킬 수 있다. 이런 경우, 그 부류에 속하는 사람의 행동을 조금이라도 흉내 내려 한다. 예컨대, 모회사의 임원이라고 소개되는 사람이 피곤한 모습을 보이다가 피로회복 강장제를 먹고 활기를 되찾는 광고가 있다고 하자. 이를 갓 과장이 된 사람이 보게 되면, 자신이 아직 임원급은 아니지만 언젠가는 그런 부류의 사람이 되리라는 기대 속에서 광고 속 모델과 유사한 행동을 하려 할 것이다.

한편, 비록 어떤 부류에 속하지는 못할지언정 자신이 어떤 부류에 속하기를 갈망하는 사람들이 있다. 예를 들어, 대부분의 사람들은 자신이 영원히 프로축구 선수가 되지 못한다는 것을 안다. 또는 유명한 가수가 되지 못할 것을 안다. 그럼에도 불구하고 박지성이 질레트면도기로 면도하는 모습을 보거나 안성기가 낭만적인 분위기에서 맥심커피를 마시는 것을 보고는 그 흉내를 내고자 한다. 갈망하는 부류의 사람들이 광고에서 보여주는 단순한 행동이나마 모방해보려는 것이다.

또한, 어떻게 행동하는 것이 좋을지 결정을 내리지 못하는 사람들에게는 그와 비슷한 부류의 사람들이 어떻게 행동하는가를 말로 전해줌으로써 그 행동을 모방하게 할 수 있다. 이를 '구전에 의한 모방

verbal modeling'이라 한다. 예를 들어, 화장품 방문판매 아줌마는 아파트에 사는 주부를 찾아가서 같은 아파트 몇 동, 몇 호에 사는 주부가 새로 나온 로션을 2개나 샀다는 것을 알려주어 이 사람도 그렇게 모방하도록 유도하기도 한다.

이처럼 소비자들에게 행동에 대한 자신감을 불어넣고 결과에 대한 기대를 높여줄 때, 또는 어떤 부류의 사람들이 어떻게 행동하는가를 알려줄 때, 소비자들은 별로 강제성을 느끼지 않으면서도 모방을 하게 되므로 마케터가 원하는 방향의 행동으로 이끌 수 있다.

당근과 채찍을 활용하라

사은품 증정은 우리 주변에서 흔히 볼 수 있는 마케팅 기법 중의 하나이다. 그런데 막대한 비용이 드는 사은품 증정이라든지, 이와 유사한 보상방법이 과연 판매 증대에 기대만큼의 효과가 있을까?

심리학을 따로 공부한 적이 없는 사람도 '스키너 상자Skinner Box'에 대해 들어본 적이 있을 것이다. 스키너 상자는 지렛대를 누르면 먹이가 하나씩 나오게끔 만들어진 동물실험용 상자로, 주로 쥐를 이용한다. 상자 속의 쥐는 돌아다니다가 우연히 지렛대를 누르게 되는데, 그러면 먹이가 떨어져 주워 먹게 된다. 쥐는 계속 왔다 갔다 하다가 다시 지렛대를 건드리게 되고 그러면 또 먹이가 떨어지게 된다. 이러한 우연적 과정이 반복됨에 따라 쥐는 지렛대를 누르면 먹이가 나온다는 사실을 알게 되고 이후부터는 먹이를 얻기 위해 의식적으로 지렛대를 누르게 된다.

이와 같이 쥐가 지렛대를 조작하면 먹이(결과)를 얻게 된다는 것을 알게끔 훈련하는 과정을 '조작적 조건형성operant conditioning'이라 한다. 이는 행동의 결과에 대한 기대 때문에 행동을 변화시키기는 현상을 이용한 것인데 조건형성이 되기는 사람들도 마찬가지다.

긍정적 강화를 시도하라

예를 들어, 소비자는 판촉기간 동안 일정 금액 이상 물건을 살 때마다 사은품을 주는 백화점을 다른 백화점보다 더 많이 가게 된다. 소비자로 하여금 사은품이란 결과를 기대하게 하여 구매를 부추긴 것이라 볼 수 있다. 조건형성의 특성을 이용하여 행동의 빈도수를 증가시키거나 또는 감소시키는 것을 '강화reinforcement'라고 한다.

다시 말해, 강화란 어떠한 행동이 있고 난 후에 자극을 주어서 그러한 행동이 반복 또는 근절되도록 하는 것을 말하는데, 전자와 같이 보상하는 것을 긍정적 강화(당근), 후자의 경우를 처벌(채찍)이라 한다.

마케팅에서는 처벌보다 긍정적 강화가 더 일반적이다. 긍정적 강화인 보상의 방법으로는 사은품 주기, 덤을 얹어주기, 친절하게 대해주기, 할인해주기, 감사편지나 감사전화 하기 등 여러 가지가 있다.

텍사스대학교의 케리Milton Carey 교수는 강화가 실제로 판매를 증대시킬 수 있는지 알아보고자, 텍사스 주에 위치한 조그만 도시의 한 보석상에서 물건을 사 간 고객들을 대상으로 감사전화를 걸도록 해보았다. 이때, 고객들을 세 집단으로 나누어 첫 번째 집단에게는 단순히 감사의 뜻만을 표했고, 두 번째 집단에게는 감사와 더불어 스페셜 세일이 있음을 알렸으며, 세 번째 집단에게는 전화를 걸지 않았다.

가장 효과가 큰 것은 첫 번째 집단이었다. 그들 중 많은 사람이 다시 가게에 들려 나에게 전화를 해준 친절한 점원이 누구인가를 물었다. 두 번째 집단의 경우엔 순수한 감사전화라기보다는 판촉활동으로 인식하여 감사의 뜻만을 전한 첫 번째 집단만큼은 반응이 높지 않았다. 세 번째 집단은 관심의 증대를 보이지 않았다.

여하튼, 집단별 차이와는 상관없이 실험이 있었던 그 달의 판매는 27퍼센트가 증대되었다. 이는 그해의 판매가 평년에 비해 25퍼센트나 저조하였던 점을 감안할 때 매우 큰 효과라 할 수 있었다.

케리 교수는 자신의 연구 결과를 종합하며 이러한 강화기법을 효과적으로 이용하기 위해서는 다음과 같은 점을 유념해야 한다고 말한다.

- 신원을 확실히 밝힘으로써 개인적인 유대감을 높여라. 감사의 뜻을 전하는 사람은 그저 상점을 대표하는 데 그쳐서는 안 된다.
- 감사의 뜻을 짧게 표시하라. 두어 문장이면 충분하다.
- 고객 명단을 잘 확인하라. 어떤 고객에게는 감사전화를 걸고, 다른 고객에게는 걸지 않을 경우 다른 고객이 불쾌감을 느껴 오히려 역효과가 날 수 있다.
- 진솔한 느낌을 전하라. 판촉을 하는듯한 느낌을 주어서는 안 된다.
- 천천히 말하라. 고객들은 감사전화를 매일 받는 것이 아니니 고객들이 이해하도록 천천히 말하라.
- 말을 다 했다고 전화를 바로 또는 즉시 끊지 마라. 고객들이 대화를 나누고 싶어 하는 경우도 있기 때문이다.

- 우연히 전화를 받은 사람에게 얘기할 것이 아니라 고객을 찾아 직접 통화하도록 하라.
- 다른 종업원들에게도 이런 전화를 했다는 것을 알려서, 어떤 손님이 감사전화에 대한 얘기를 하면 어리둥절하지 않도록 하라.
- 증대된 판매량을 기록하는 등, 그 효과를 잘 관리하라.

강화 스케줄을 잘 기획하라

한편, 긍정적 강화는 강화를 얼마나 자주 하느냐에 따라 다시 둘로 나눌 수가 있다. 계속적 강화와 간헐적 강화가 그것이다.

'계속적 강화continuous reinforcement'는 바람직한 행동을 항상 보상해주는 경우를 말한다. 예를 들어, 미국에서는 판매촉진의 방법으로 리베이트(rebate : 물건을 구입한 후 주어진 용지에 주소와 이름을 기입하고 영수증과 함께 회사로 보내면 물건값의 일부를 환불해줌) 제도를 많이 쓴다. 이 경우, 소비자들은 물건 구입 후 리베이트 용지를 작성해서 보내기만 하면 반드시 보상을 받게 된다는 확신을 가지게 된다. 따라서 이러한 계속적 강화는 효과가 매우 빠르게 발생한다.

긍정적 강화의 또 다른 방법인 '간헐적 강화intermittent reinforcement'는 바람직한 행동을 가끔씩 보상하는 것을 뜻하는데, 이는 다시 고정적 강화와 변동적 강화로 나뉜다.

'고정률 강화fixed-ratio reinforcement'란 일정 빈도마다 한 번씩 보상을 주는 것을 말한다. 피자나 커피를 파는 상점에서 쿠폰을 주고 열 번 사 먹으면 열한 번째는 공짜로 주는 것처럼, 일정 빈도만큼의 바람직한 행동을 하면 반드시 보상을 받게 된다는 것을 알려줌으로써 구매

행동을 촉진시킬 수 있다.

그러나 고정적 강화와는 달리 바람직한 행동이 언제 보상받게 될지 소비자가 정확히 알지 못하게 할 수가 있다. 이를 '변동률 강화variable-ratio reinforcement'라 한다. 파친코와 같은 성인오락 게임을 예로 들 수 있는데, 확률적으로는 몇 번마다 한 번씩 코인이 나오겠지만 그것이 언제일지는 모르는 것이다. 따라서 다음번에는 코인이 쏟아져 나오지 않을까 하는 기대 속에 게임을 하게 된다.

치토스 등, 과자의 판촉에도 변동률 강화가 자주 쓰인다. 즉, 포장 속에 사은품이 적힌 종이를 넣어주는데, 표시된 부분을 동전으로 긁어 '꽝'이 나왔다 해도 다음에는 사은품을 받으려니 기대하여 또 구매하게 된다.

강화의 다양한 방법 중에 변동률 강화의 효과가 가장 지속적이다. 왜냐하면, 사람들은 실제적인 보상이 없는 경우에도 속마음으로 다음번에는 어떤 보상이 있으리라 기대하기 때문이다. 변동률 강화는 그 효과가 지속적이라는 장점뿐만 아니라, 보상을 매번 주지 않아도 되므로 상대적으로 비용이 적게 든다는 점 때문에 마케팅에 있어서 매우 중요한 의미를 갖는다.

효과를 직접적으로 측정하기 힘든 광고에 비해, 강화를 통한 판촉은 그 효과가 즉각적이고 명백하여 이용가치가 높다. 다만 문제가 되는 것은 강화의 비용이다. 하지만 계속적 강화에만 의존하지 않고 간헐적 강화를 적절히 이용한다면 비용을 절감하면서도 마찬가지로 좋은 효과를 나타낼 수 있을 것이다.

소비자로 하여금 **생각해보게끔** 만들어라

인간 두뇌의 질량은 몸 전체의 2퍼센트에 불과하다. 그런데 가장 편안한 자세를 취하고 있을 때에도 뇌는 우리가 가지고 있는 에너지의 20퍼센트를 소모한다. 심장이 10퍼센트, 2개의 허파가 10퍼센트, 그리고 2개의 신장이 7퍼센트인 것보다 훨씬 많은 양이다. 더구나 생각에 몰두하게 되면 뇌의 칼로리 소모량은 급속히 증대된다. 그래서 우리의 몸은 두뇌가 에너지를 최소한으로 사용하도록 고안되어 있다. 그 장치의 하나가 사람들로 하여금 자연스럽게 고정관념stereotype에 의존하도록 하는 것이다.

사람들은 어떤 사물에 대해 한 번 판단하고 나면 그와 유사한 사물에 대해서는 다시 생각하거나 평가하지 않고, 거의 무의식적으로 기존의 고정관념에 의존하려고 한다. 그러므로 소비자의 새로운 소비 행태를 유도하려면 그들로 하여금 고정관념에서 벗어나, 잠시나마 그 사안에 대해 '다시 한 번' 생각해보도록 만들어야 한다.

판단의 기준을 바꿔보라

1990년대 초반까지, 시판되는 음료의 고정관념은 탄산음료였다. 그래서 음료업체들은 더 달고 톡 쏘는 맛의 경쟁을 벌여왔다. 이런 음료 시장에 '달지 않아야 한다' '흡수가 빨라야 한다'는 새로운 판단기준을 제시한 것이 게토레이다. 제품의 여러 특성 중 사람들이 지금까지 생각하지 않았던 점을 부각시켜 '판단의 기준을 바꾼' 것이다.

이 방식은 마치 회의진행자가 회의 내용에 직접 영향을 행사하지 않더라도, 토의할 의제를 어떤 것들로 설정하느냐에 따라 회의를 주도할 수 있는 원리와 같다 하여 '의제설정이론agenda setting theory'이라고 한다. 마케팅에 있어 의제의 설정이란, 제품의 특징을 일방적으로 설득하려 하기보다 제품평가에 있어 새로운 고려사항을 제시함으로써 소비자들의 주의를 끌려는 시도이다.

대표적인 사례가 파스퇴르우유다. 강력한 경쟁자들이 포진해 있는 우유시장에 뒤늦게 참여한 파스퇴르는 '저온살균'이라는 속성을 의제화해, 별 생각 없이 우유를 구매하던 소비자들로 하여금 고온살균 방식의 영양 손실에 대해 '생각해보도록' 만들었다.

고소한 맛이 유일한 판단기준이었던 참기름 시장에 "탄 음식, 나쁘다는 것 아시죠?"라며 의표를 찌르는 질문을 던진 백설표는 후발주자임에도 불구하고 시장을 주도할 수 있었다. "침대는 가구가 아닙니다."라는 의제로 세간의 화제를 불러일으킨 에이스침대는 다른 각도에서 침대를 평가하게 만듦으로써 삼척동자도 아는 브랜드가 되었다.

화려한 그래픽과 폭력성, 선정성 경쟁으로 치닫던 게임기 시장에서 열세에 몰리던 닌텐도는 위Wii라는 제품을 출시하며, '게임은 조작

방법이 손쉽고 온가족이 함께 즐길 수 있어야 한다'는 점을 새로운 판단기준으로 제시한다. 아울러 그에 걸맞은 소프트웨어를 내놓아 여성은 물론, 게임을 접해보지 못한 노년층까지 소비자의 범위를 확대시켰다. 위를 출시한 지 3년 만에 4배나 성장한 닌텐도는 2조 엔의 매출을 기록하면서 경쟁사를 앞지르게 되었다.

불과 몇 년 전까지만 해도 텔레비전의 저녁뉴스는 9시에 방영되는 것이 통념이었다. 후발주자인 SBS는 8시에 저녁뉴스를 편성하고 '한 시간 빠른 뉴스'를 내세움으로써 1퍼센트에도 미치지 못하던 시청률을 한 달 만에 15퍼센트까지 끌어올렸다. 보도의 정확성 등 기존의 가치가 아니라 '조금이라도 신속한 뉴스'라는 새로운 판단기준을 시청자들이 수긍해준 덕분이었다.

경쟁사의 딴지걸기에 인내로 대처하라

판단기준을 바꾸는 의제설정 전략을 시도했을 때, 경쟁사가 반응을 보이면 더욱 효과를 볼 수 있다. 경쟁사가 변명이나 항의 등으로 반응하면, 세간의 관심을 더 끌 수 있기 때문이다.

만년 열세이던 하이트맥주는 OB맥주의 아킬레스건인 '물'을 새로운 판단기준으로 내세운다. 하이트맥주는 "말할 수 있는 맥주와 말할 수 없는 맥주", "물은 가려먹으면서 왜 맥주는 가려먹지 않습니까?" 등의 광고문구로 OB맥주를 계속 자극했다. 결국 OB맥주가 150미터 천연암반수의 진실 여부를 공론화시켰고, 그 바람에 하이트맥주는 더욱 널리 알려지게 되었다.

바나나 맛 우유의 원조는 항아리처럼 생긴 독특한 모양의 용기에 노란색 우유가 담긴 빙그레 '바나나 맛' 우유이다. 여기에 매일유업이 '바나나는 원래 하얗다'라는 긴 브랜드로 도전장을 내민다.

바나나의 겉은 노랗지만 속은 하얗다는 점을 상기시키며, 바나나 맛 우유의 노란색이 인공색소 때문이라는 점을 생각해보게끔 유도한 것이다. 즉, 가공우유라도 천연식품이어야 한다는 판단기준을 제시한 셈이다.

그러나 빙그레는 묵묵부답이었다. "우리가 바나나 맛 우유라고 했지, 바나나가 들어간 우유라고 했느냐? 식품 첨가물이라고 건강에 유해한 것은 아니다."는 식의 대응 논리가 없었던 것은 아니지만, 그들은 참았다. 대응광고를 내보낼 경우, 지금까지 별다른 관심이 없던 소비자들에게도 흥미를 유발해 자사 제품의 이미지만 실추시킬 수 있었기 때문이다. 그 결과 '바나나는 원래 하얗다'는 천연과즙으로 맛을 냈다는 특성을 바탕으로 일단 시장에 진입하는데 어느 정도 성공했으나, 스캔들을 통한 대대적인 접전을 벌이는 데는 성공하지 못했다.

새로운 의제설정 전략이란 시장의 주도권을 차지하기 위해 게임의 규칙을 바꾸는 방법이다. 이러한 전략은 상대방이 새로운 규칙, 즉 새로이 제시된 판단기준에 대항해 반응할 때 더욱 빛을 발한다. 그러나 그동안의 치열한 음료 경쟁으로 산전수전을 다 겪은 빙그레는 이미 '침묵은 금'이라는 격언을 체득하고 있었던 모양이다.

브랜드의 **소리음을 기억**시켜라

예전에는 아파트 이름에 회사명을 그대로 가져다 썼으나 요즘은 자이, 래미안, 푸르지오 등 별도의 브랜드명을 붙인다. 포스코건설이 지은 아파트 이름은 더샵(the #)이다. '삶의 질을 반올림' 한다는 의미에서 음악 부호(#)를 사용한 재미있는 발상이다.

그런데 한 조사에 의하면, 거주자들의 만족도는 꽤 높지만(전체 아파트 중 3위), 일반인들의 인지도는 훨씬 못 미친다(7위)는 것이다. 포스코의 후광까지 생각한다면 저조한 결과다. 이유를 살펴보니 사람들이 아파트 이름을 어떻게 읽어야 할지 어려워하는 것으로 나타났다. 심지어 택시기사들도 "더샵에 가요" 하면 못 알아듣는다는 것이다.

기업의 노력에도 불구하고 소비자들이 브랜드를 잘 기억하지 못하는 경우가 종종 있다. 어떻게 하면 소비자들에게 브랜드를 보다 쉽게 기억시킬 수 있을까?

소리로 기억되지 못하면 정보도 기억되지 못한다

콘라드Conrad는 머릿속에 저장되는 정보의 기억 형태를 연구한 심리학자다. 그는 주어진 정보가 일단 단기기억에 청각 코드acoustic code로 저장된다고 말한다. 이러한 주장은 역설적이게도, 사람들이 기억을 되살릴 때 어떠한 실수를 하는지 살펴봄으로써 확인할 수 있다.

예로 들어 콘라드는 사람들에게 여러 알파벳을 외우게 한 후, 이를 기억할 때 어떤 오류가 생기는지 조사해보았다. 그 결과 사람들이 M을 N으로, S를 F로, B를 P로, V를 B로 혼동하여 잘못 기억하는 경우가 가장 흔했다. 정보는 일단 소리로 기억되는데, 발음이 유사한 다른 스펠링으로 혼동을 일으켜 오류를 일으키는 것이었다.

단어도 마찬가지다. piano-car-apple 등의 단어를 사람들에게 보여주고 외우라고 하면 piano-bar-apple로 잘못 외우는 사람들이 있다. car를 외운다는 것이 발음이 비슷한 bar로 잘못 기억된 것이다. 정보가 저장될 때 발음에 의해 실수가 생긴다는 사실과 그 밖의 증거들을 보면, 정보는 일단 소리로 기억된다는 것을 알 수 있다.

가령 '삼성'이라는 브랜드를 눈으로 보더라도 머릿속에서는 이를 즉각 '삼성'이라는 소리로 전환시켜 인식한다. 그러니까 소리로 얼른 전환되지 않는 시각정보(브랜드)는 소비자의 두뇌에 기억되지 못한다.

사람들은 어렸을 때, 글자가 아니라 소리로 먼저 말을 배운다. 같은 이치로, 브랜드는 눈이 아니라 귀로 먼저 기억시켜야 한다.

기업들은 평범하지 않은 브랜드를 만들려고 고심하면서 외래어를 사용하거나 복잡한 스펠링의 브랜드명을 선택하곤 한다. 그러나 발음하기 어려워 글자가 곧바로 소리로 전환되지 않는다면 브랜드명은 소비자들의 단기기억에 저장될 수 없다.

고급 와인에 관심을 가지기 시작한 초보자들에게 좋아하는 와인 브랜드를 물으면, 흔히 딸보Talbot나 끼안띠Chianti 등을 거명한다. 탁월하게 맛이 좋아서라기보다는 쉽게 기억되는 브랜드 음이기 때문이다. 샤또Chateau로 시작되는 프랑스 와인 브랜드는 발음이 길고 어려워 잘 기억하지 못한다.

광고에서는 브랜드의 발음을 기억시키려는 시도를 흔히 보게 된다. 엘리베이터를 타고 출근하는 남편을 불러 세워 "화·이·투·벤"이라고 큰 소리로 또박또박 약의 이름을 부르게 한다든지, "일요일엔 역시 짜, 짜, 짜파게티~"라고 외치는 것 등이 이러한 경우에 속한다. 또한 짧은 멜로디나 경쾌한 효과음을 이용하는 징글jingle의 반복도 브랜드의 발음을 기억시키는 한 방법이다.

음성검색 시대에 대비하라

그런데 우리나라의 브랜드명은 눈으로 봐서는 외국인이 쉽게 발음하기 힘든 경우가 많다. 'Hyundai(현대)'를 휸대이, 히연다이 등 각양각색으로 발음한다는 것은 외국인과 접해본 사람이면 누구나 아는 사실이다. 그밖에도 다수의 브랜드명이 영어로 표기했을 때 발음하기 어렵다.

반면에 일본어는 받침이 거의 없어 브랜드의 발음이 비교적 간단하다. Yamaha, Toyota, Suzuki 등과 같이 일본식 브랜드명을 그대로 영문자로 옮겨도 발음에 무리가 없다. 소리를 기억하지 못하면 정보가 단기기억에 저장될 수 없다는 사실을 생각할 때, 우리나라 기업

은 브랜드명의 설정에서부터 벌써 일본 기업들보다 불리한 입장에 있음을 알 수 있다.

더구나 음성검색 서비스가 일반화되고 있는 모바일 시대에 브랜드의 발음을 정비하는 일은 시급하다. 외국인이 우리 브랜드의 정확한 발음을 몰라 검색을 쉽게 못한다면 안타까운 일이지 않은가.

일본의 댓선Datsun 자동차는 미국 시장 개척 초기에 발음이 불편하다는 점을 고려해 닛산(Nissan, 日産)으로 회사명을 바꿨다. 그 결과, 브랜드를 쉽게 기억시켰을 뿐 아니라 호감도도 높이게 되었다. 'Sunkyong(선경)'도 'Sunk-yong'으로 끊어 읽는 경우가 많아 오해의 소지가 있었는데(sunk young으로 발음하면, 초기에 침몰했다는 의미가 되므로), SK로 바꿔 다행이다.

읽기 쉽지 않은 스펠링의 브랜드도 광고를 많이 하여 발음을 억지로라도 학습시키면 그 특이함 때문에 기억에 더 잘 남길 수 있다. 그러나 비용이 많이 든다. 그러므로 글로벌 시장을 개척하는 단계에 있

는 기업이라면, 발음하기 쉬운 브랜드로 바꾸어 시작하는 것도 좋지 않을까. Sony가 전 세계 소비자들의 입에 오르내리는 데는 쉬운 발음도 한몫 했으리라 생각된다.

임팩트 있는 **한마디**면 족하다

미국 오바마 대통령의 취임사를 작성한 인물은 조 파브로라는 27세의 청년이다. 그는 오바마의 심중을 간결한 표현으로 응축해내는 탁월한 능력을 가진 것으로 알려져 있다. 오바마를 승리로 이끈 구호 "Yes, We Can.(아무렴, 우린 해낼 수 있어요.)"도 그의 작품이다.

아칸소 주지사였던 빌 클린턴이 1992년 대통령 선거에서 아버지 부시와 겨룰 때, 선거 전략을 세운 이는 마케팅 전략가 출신의 제임스 카빌. 그는 3개월간 전국을 돌며 1만 명을 대상으로 여론조사를 하고 난 후 워싱턴에 나타나서는 조사결과를 단 세 마디로 압축해 말했다. "The economy, stupid!(바보야, 문제는 경제야!)"

말하자면 "이 바보들아, 내가 딱 세 단어로 정리해줄게. 지금은 클린턴이란 사람이 적어도 경제만큼은 잘 챙길 대통령감이라는 이미지만 만들면 당선돼."라는 뜻이다. 촌철살인의 이 말 한마디가 시골 출신인 클린턴이 현직 대통령인 부시를 이기도록 만드는 구심점 역할을 하였다.

기업은 자사의 브랜드에 대해 고객들에게 말해주고 싶은 것이 늘 많다. 하지만 선거 캠페인의 짧고 강력한 슬로건처럼 브랜드의 콘셉트는 응축되어야 한다.

콘셉트는 나열하지 말고 응축하라

각 나라마다 사람들이 좋아하는 초콜릿이 다르다. 미국 사람들은 목넘김이 칼칼할 정도로 달고, 색이 짙은 초콜릿을 좋아한다. 반면 유럽 사람들은 부드러운 맛과 연한 색의 초콜릿을 좋아한다. 한국 사람들은 독특하게도 약간 씁쓸한 맛을 선호한다. 씁쓸해야 초콜릿의 원료가 제대로 들어갔다고 생각한다. 그리고 갈색을 띠어야 고급이라고 여긴다. 그렇다고 '갈색 톤의 씁쓸한 초콜릿'이라고 광고하면 팔리겠는가.

콘셉트는 응축되어야 한다. 머릿속의 차가운 콘셉트를 응축하면, 마음속의 따뜻한 메타포(metaphor : 은유적 표현)가 된다. 그래야만 사람들의 가슴에 와 닿는다.

'갈색', '씁쓸함'이라고 하면 뭐가 떠오르는지 한번 응축해보자. 아마도 가을, 커피, 낙엽 등이 연상될 것이고, 그것을 한 번 더 응축하면 '고독'이 떠오른다. 예전에는 소비자들이 수입 초콜릿을 선호해 우리나라 초콜릿은 거들떠보지도 않았다. 그런데 "고독의 맛, 가나초콜릿"이라는 광고가 소비자의 마음을 파고들었고, 롯데의 '가나초콜릿'은 곧바로 시장의 선두주자가 되었다.

얼마 전, 한 호텔이 특급호텔로 업그레이드 된 것을 기념하는 파티에 초대받은 적이 있다. 진기한 음식과 색다른 음료, 외국 무희들과 일류 가수들의 공연 등, 최고급 파티가 마련되었다. 호텔 측은 피날레로 'Fantasy', 'Trendy' 등 호텔의 콘셉트를 표현하는 열댓 개의 영어 단어들을 하나하나 멋진 음향과 함께 레이저로 공중에 쏘아올렸다.

그런데 좋은 의미의 단어들을 잔뜩 보여줬지만, 정작 이 호텔의 콘셉트가 뭐라는 건지는 알 수 없었다. 말하고 싶은 걸 다 말했는데, 손님들의 머릿속에 남은 게 없으니 돈만 낭비한 셈이다.

핵심을 찾아야 콘셉트를 응축할 수 있다

LG생활건강은 치약, 샴푸, 비누, 세탁세제 등 생활용품과 화장품을 포함해 40여 종의 브랜드를 다루는 회사다. 그런데 대다수가 성숙기 제품이라 가격 경쟁이 심하고, 유통에 휘둘려 기대만큼 성과가 나오지 않아 마케팅 담당자들이 힘들어하고 있었다.

그러던 중, 2005년 1월 차석용 사장이 새로이 부임했다. 차 사장은 미국 생활용품회사인 P&G에서 20년 넘게 근무한 마케팅 베테랑이었다. 그가 LG생활건강에 와서 처음에 지시한 일은 2월 말까지 두 달 동안 수십 개의 브랜드별로 콘셉트를 잡아보라는 것이었다.

그런데 브랜드 관리자(BM : brand manager)들이 나름대로 제품의 특징 등을 나열해 가면, 그것을 적절한 한마디로 응축하라고 유도하며 계속 퇴짜를 놓는 것이었다. BM들은 매우 곤혹스러웠다. 자신들이 나름 정리한 콘셉트를 가져가기만 하면 이런 저런 이유로 퇴짜를 맞으니, 도대체 자신이 다루는 제품이 무엇인가에 대해 별의별 생각을 다 해보지 않을 수 없었다.

두 달을 브랜드 콘셉트 때문에 노이로제에 걸리다시피 씨름을 하고 나서, 2월 말에 드디어 마케팅 담당 상무가 정리된 콘셉트를 취합해 가져갔다. 그 상무도 오늘 제출하고 나면 내일부터는 머리 아픈 일에서 벗어나겠지 싶었을 게다. 그런데 사장은 제출한 서류를 보지도 않고 돌려주며, 이렇게 말했다고 한다.

"중요한 건 콘셉트를 정하는 게 아닙니다. 지난 두 달간 각자가 담당한 브랜드에 대해 고민했듯이, 앞으로 BM을 그만두는 날까지 밤낮으로 끊임없이 브랜드의 콘셉트에 대해 고민하는 습관을 가지라는 뜻입니다."

응축이란 단순히 짧게 줄이라는 게 아니라 '핵심'을 찾으라는 말이다. 뛰어난 웅변가였던 미국 28대 대통령 윌슨의 말을 되새겨보자.

"한 시간의 스피치에는 별 준비가 필요없다. 20분의 스피치에는 두 시간 정도의 준비가 필요하다. 그러나 5분의 스피치를 위해서는 하룻밤을 준비해야 한다."

생각을 응축하려면 핵심이 무엇인지 분명하게 파악하는 노력이 필요함을 말해준다. 브랜드 콘셉트에 대해 고민하는 습관을 키운 LG생활건강의 시가총액은 3년 만에 7.5배가 되었다.

귀사의 브랜드도 고객들에게 '한마디로' 무슨 콘셉트를 전달하고 있는지 점검해볼 필요가 있지 않을까.

소비자의 **동경심**을 **자극**하라

한강 유람선이 재미있을 것 같지만, 서울에 사는 사람 중에 일부러 시간을 내 타러 가는 사람은 많지 않다. 마음만 먹으면 언제든지 탈 수 있기 때문이다. 그런데 한강 오염으로 유람선이 한 달 후에 폐쇄된다고 한다면, 한번 타보려고 하는 사람이 많아질 것이다.

이처럼 어떤 행동에 대해 자유를 제한당하는 경우, 심리적 반발감 psychological reactance이 생겨 사람들은 그 행동을 더욱 갈구하게 된다. 한 예로 희소성scarcity이 있는 제품은 가치 있게 인식되어 더욱 갖고 싶어진다. 소유할 수 있는 자유가 제한되기 때문이다.

거래의 장벽을 높여라

이러한 원리 때문에 실용적 가치는커녕, 못 쓰게 된 물건이 더 비싸게 팔리는 수도 있다. 잘못 인쇄된 우표나 잘못 제작된 동전 등은 그 액면가치도 안 되는 것이지만, 희소성의 원리가 적용되면 박탈당한 자유, 즉 손쉽게 구할 수 없다는 제한성 때문에 사람들이 기꺼이 비싼 가격을 치르고자 한다.

그래서 마케팅에서는 제한된 숫자나 시간의 압박을 통해 희소성의 상황을 창출하기도 한다. 예를 들어, 올림픽 기념주화처럼 그 제조 숫자를 제한하기도 하고, 백화점 같은 곳에서는 특정 제품에 '한정 판매'와 같은 표현을 써가며 희소가치를 높이려 한다. 홈쇼핑에서 주문 마감시간이 다가옴을 카운트다운 하듯 초 시간 단위로 알려주며 소유할 수 있는 자유를 제한하는 인상을 주는 것도 그 원리는 마찬가지다.

같은 이치로, 소위 명품이라고 알려진 브랜드들도 제품 구매의 제한성을 강조한다. 즉 제품을 구매하는 데 장애요소를 설치함으로써 거래에 따르는 장벽transaction barrier을 높이는 것이다.

마음으로는 원하지만 실제로 구매할 수 없는 사람이 많아질수록 그 브랜드의 구매자는 자신에 대한 긍지를 더욱 높일 수 있다. 또한 그 제품을 지금은 구매할 수 없는 사람들도, 언젠가 구매할 수 있다고 생각하는 기대적 동경anticipatory aspiration을 가지게 되므로 더욱 마음이 끌리게 된다.

거래의 장벽을 높이는 방법에는 여러 가지가 있다. 출입을 제한하는 것이 한 예이다. 미국의 최고급 디자이너 양복점인 비잔Bijan의 입구에는 "예약 손님에 한합니다. by appointments only"라는 문구가 쓰여 있다. 그렇다고 아무나 전화를 걸어 예약할 수 있는 것도 아니다. 기존 고객이 직접 소개한 사람만이 예약을 할 수 있다.

비잔은 거래고객을 제한함으로써 동경과 갈망의 대상이 되어 있다. 우리나라에도 회원들만 들어갈 수 있는 멤버십 클럽이라든지 또는 골프회원권 등이 여기에 해당된다고 볼 수 있다.

제품의 크기로써 거래의 장벽을 높이기
도 한다. 투-도어 냉장고의 원조인 아마나
Amana는 고급 라인의 경우, 독특한 색깔의
냉장고는 초대형 제품만 만듦으로써 대저택
이 아닌 일반 가정에는 설치할 수 없도록 한

다. 가질 수 없는 제품이기에 더욱 갖고 싶도록 만드는 전략이다.

여성복의 경우, 제한된 사이즈의 옷만을 판매하는 경우도 있다.
기실은 그 옷을 입어서 아름다운 것이 아니라, 아름다워 보이는 사
이즈의 옷만을 판매하기 때문에 그 브랜드를 입은 사람은 모두 아
름다워 보이는 것이다.

일반적으로 거래의 장벽을 높이는 방법은 고가격 정책이다. 넥타
이 같은 것도 유명 브랜드를 붙여 유사한 제품의 서너 배나 되는 값을
받는다. 독특한 무늬의 명품 넥타이를 갖고 싶지만 너무 비싸 아무나
살 수 없다면, 구매자의 긍지가 더 높아질 수 있는 것이다. 그런 제품
의 경우 가격을 떨어뜨려 장벽을 낮추면, 오히려 고객의 흥미가 감소
하곤 한다.

인내력을 가지고, 동경심을 유지하라

그런 관점에서 보면, '고급화' 바람 때문에 탄생한 메스티지masstige
브랜드는 태생 자체에 모순적인 면이 있다. 대중 제품(mass product)
과 명품(prestige product)의 합성어가 말해주듯, 비교적 고가이지만
대량으로 판매하여 대중적인 명품을 만들겠다는 것이다.

어설픈 메스티지 브랜드의 수명이 길지 않은 것이나 매출의 압박 때

문에 세일을 시도하는 외국 명품 브랜드가 결국 사람들에게 외면당하는 것은 품질의 저하 때문이 아니라 동경심이 사라지기 때문이다. 명품을 명품으로 만들기 위해서는 단기적 매출 증대의 유혹을 뿌리치고 동경심을 유지할 수 있는 인내심과 재정적 지구력이 필요하다.

명품 브랜드를 잘못 추구하면 사치풍조를 조장한다는 비난을 들을 수도 있다. 이러한 브랜드를 구매할 능력이 있는 구매자 중 더러는 문화적 품위 수준이 못 미쳐 남에게 적대감을 불러일으키기도 한다.

롤스로이스가 고객의 품위에 따라 판매를 거절하기도 한다는 신화적 소문이나, 비잔이 돈이 많다고 무조건 고객으로 삼지 않고 기존 고객의 소개를 받아 고객을 선별하는 것은 이러한 비판을 줄이기 위해서다.

법정 스님은 살아생전에 '무소유'의 교훈을 널리 설파하셨다. 그 분은 돌아가시면서 본인 책의 절판을 유언으로 남기셨는데, 사람들이 그 책을 구매하려 애를 태웠다고 한다. 『무소유』라는 책은 역설적이게도 많은 사람들이 '소유'하고 싶어 하는 책이 되었다.

법정 스님은 생애 마지막으로 사람들에게 무소유의 정신을 실천해보라고 가르쳐주시려는 듯하다. 소유하려 들지 말고, 돌려보라는 말씀일 게다. 그러나 스님의 가르침에 아랑곳없이, 사람들에게 소유하기 어렵게 만들수록 사람들은 더욱 소유하고 싶어 하는 본능을 가지고 있음을 간과해서는 안 될 것이다.

브랜드의 **화젯거리**를 만들어라

간혹 내 강연을 듣고 좋았다는 분을 만나게 되면, 기억에 남는 것이 무엇이었는지 물어보곤 한다. 그런데 어떤 이론에 대해 이야기하는 사람은 한 번도 보지 못했다. 대부분 내가 예시했던 일화나 사례를 떠올린다. 사람들이 어떤 관념이나 사실fact보다 스토리story를 더 잘 기억하는 성향을 가지고 있기 때문이다.

제품에 대한 정보를 전달할 때도 스토리를 구성하면 더 잘 기억시킬 수 있을 것이라는 기대에서 기업들은 '스토리텔링storytelling 마케팅'에 관심을 갖는다. 그래서 플롯이니 등장인물이니 갈등구조니 하는 것들을 혼합해 인위적으로 브랜드 스토리를 만들어내려는 기업들도 눈에 띈다.

하지만 이러한 시도는 '스토리'라는 용어 때문에 오해를 하여, 영화나 컴퓨터 게임 사업 등에나 필요한 스토리 구성방법을 도입해보려는 것이다.

사람의 마음을 움직이는 에피소드를 개발하라

대부분의 기업에 필요한 스토리란 그저 소비자들에게, 그리고 소비자들끼리 간단히 전할 수 있는 에피소드(episode, 단편적인 사건)에 관한 이야기를 일컫는다. 기업의 열정이 담겨 있어, 듣는 이의 가슴에 와 닿는다면 좋은 스토리이다.

이순신 장군은 400여 년 전에 돌아가셨지만, 우리는 아직도 그분을 잘 기억하고 있다. 그분과 관련된 단편적인 이야기들 때문이다. 사람이 죽어서 이름을 남긴다는 것은 그 이름과 관련된 이야기를 남긴다는 말이 아닐까.

기업도 마찬가지다. 브랜드와 관련된 전설과 같은 이야기가 없으면, 뿌리 있는 브랜드를 만들지 못한다. 현대그룹에는 창업주 정주영 회장과 관련된 일화들이 적지 않다. 그분이 돌아가신 지 오래지만, 그 일화들은 지금도 광고의 소재가 되고, 현대그룹의 정신을 사람들에게 널리 알려 호감을 이끌어내는 역할을 한다.

에피소드는 사람의 마음을 움직이고 입소문을 만드는 원천이 된다. 에피소드를 활용한 마케팅은 크게 세 가지로 나눌 수 있는데, 첫째가 '화젯거리를 제공'하는 것이다.

버진Virgin그룹의 리처드 브랜슨Richard Branson 회장은 괴짜 CEO로 알려져 있다. 열기구를 타고 세계 여행길에 나서는가 하면, 민간우주여객선 '스페이스십투SpaceShip Two'의 예비 우주여행객을 모집하기도 한다.

그는 끊임없이 화제를 불러일으키며 모험적, 창의적, 도전적이라는 이미지의 버진 브랜드를 만들어 360개의 기업을 거느리고 있다.

많은 사람들이 그가 제공하는 이슈의 흥미
성 때문에 버진그룹에 대한 이야기를 주고
받는다. 에피소드가 브랜드에 관련된 대화를
촉진encourage한 셈이다.

둘째는 에피소드를 통해 기업에 관한 정보나 메시지를 좀 더 '재
미있게 전달'하는 것이다. 성경을 읽어보면, 가르침을 나열하지 않는
다. 모두 비유와 예시 그리고 이야기로 풀어놓았다. 그렇게 함으로써
사람들이 더 귀 기울이고, 더 잘 이해하며, 내용을 마음에 새겨두게
할 수 있기 때문이다.

기업에 관한 정보도 그냥 전하면 무미건조하다. 그럴 땐 기업의 웹
사이트를 활용해 알려지지 않은 비화나 일화를 흥미롭게 제공할 수
있다. 에피소드가 브랜드에 관련된 대화를 중개mediate하기 때문에 각
브랜드의 특징을 극적으로 전달할 수 있는 것이다. 브랜드와 연관된
스토리를 알게 되면 고객의 브랜드에 대한 호기심은 배가된다.

셋째는 기업이 의도하지는 않았지만 브랜드에 관해 사람들 사이에
떠돌아다니는 '이야기를 관리'하는 것이다. 와플 솔waffle sole이라는 신
발 바닥은 나이키를 성공으로 이끈 제품이다. 그 와플 솔의 탄생과 관
련하여 생겨난 이야기가 있다. 육상 코치이자 나이키의 창업자인 빌
바우어만Bill Bowerman이 선수들이 최고 기록을 낼 수 있는 신발을 고
민하던 중 우연히 아내가 만들고 있던 와플을 보고 와플 모양의 밑창
을 만들었는데, 이것이 선수들의 기량 향상에 큰 도움이 되었다는 것
이다.

실제로 어디까지가 진실인지는 알 수 없지만, 이 이야기는 와플 솔

신발을 알리는 데 크게 기여했다. 이런 경우에 에피소드는 제품에 대한 대화를 충동_{stimulate}하는 역할을 한다.

극적인 사건을 부각시켜라

스토리는 반드시 사실이 아니어도, 악의가 없고 얘깃거리가 재미있으면 사람들의 입에 회자된다. 복분자술은 '뒤집을 복覆'과 '동이 분盆'이 합쳐 생긴 이름이다. 마시고 나면 정력이 좋아져 요강이 뒤집어질 만큼 오줌줄기가 강해진다는 약술을 의미한다. 그런데 복분자술을 마시고 실제로 요강을 뒤엎을 사람이 있을까? 거짓말인줄 뻔히 알지만, 사람들은 "이걸 마시면, 요강이 넘어간답니다." 하며 즐겁게 술을 마신다.

거짓으로 이야기를 만들라는 것이 아니라, 다소 과장돼도 재미있거나 사람들의 마음을 움직이면 긍정적인 반응이 일어난다는 것이다. 미국의 대법원 판사로 30년간 재직한 올리버 홈스_{Oliver Holmes}의 말에 귀 기울일 필요가 있다.

"사람들은 계량적으로가 아니라 극적으로_{dramatically, not quantitatively} 판단한다." 즉, 분석적 자료가 아니라 극적인 사건을 부각시킬 때 배심원의 마음을 움직일 수 있더라는 말이리라.

필자는 요즘, 아프리카의 불우한 어린이를 위한 기금 마련을 돕고 있다. 그런데 기아와 질병으로 죽어가는 어린이가 수백만 명이나 되니 도와달라고 막연하게 말하는 것으로는 호소력이 약하다. 부모를 잃고 쌀 한 줌으로 다섯 형제가 먹고 살면서도 희망을 잃지 않으려 애쓰는 '한 아이의 이야기'가 사람들의 심금을 울리고 지갑을 열게 만든다. 그런 것이 스토리의 힘이다.

이제 기업이나 제품에 대한 정보를 전달하는 데 그칠 게 아니라, 고객을 사로잡을 재미있는 이야기를 준비해 그들의 마음에 파고들어야 하지 않을까. 어떤 기업이든 뒤져보면story mining 스토리를 상품화할 수 있는 이야깃거리는 반드시 있다.

연인처럼 **다정한 도둑**이 되어라

자신이 좋아하는 사람이 어떤 부탁을 했을 때, 우리는 그 부탁이 어려운 것일지라도 들어주고자 한다. 반대로, 좋아하지 않는 사람의 청은 쉬운 것도 거절하곤 한다.

이는 누구나 잘 아는 단순한 이치지만 마케팅에서는 특별한 의미를 지닌다. 판매하는 물건의 품질만큼이나 중요한 것이 구매자가 판매자를 좋아하느냐 하는 점이기 때문이다. 판매자가 공연히 밉상이라는 생각이 들어 똑같은 물건을 다른 가게에 가서 사거나, 집 가까이 있는 가게를 놔두고 다소 먼 가게로 돌아가서 물건을 샀던 경험이 있을 것이다.

그렇다면, 어떤 사람들이 소비자들에게 호감을 사게 되는가?

신체적 매력을 활용하라

우리는 남을 평가할 때 눈에 띄는 한두 가지 특징만으로 그 사람의 다른 면까지 미루어 짐작하려는 성향이 있다. 이를 '후광효과halo effect'라 하는데, 신체적 매력은 후광효과를 유발시키는 두드러진 특징 중의 하나이다. 그래서 외모가 깨끗한 사람은 그렇지 않은 사람보다 머리가 더 좋고, 믿음직스럽고, 정직하며 유능하다고 생각하게 된다. 말하자면, 잘 생긴 사람은 쉽게 남의 호감을 사게 되는 것이다.

외모의 후광효과는 1960년 미국 대통령 선거유세 중에 있었던 닉슨 후보와 케네디 후보와의 토론에 대한 반응으로 잘 설명된다. 토론의 중계방송을 라디오로만 청취한 사람들은 닉슨이 더 논리적인 주장을 펼쳤다고 평가하였다. 반면에, 텔레비전으로 시청한 사람들은 케네디의 말이 더 신뢰할 만하다고 생각했다.

적절하게 분장을 하여 한층 더 젊고 박력 있어 보이는 케네디는 카메라 렌즈를 정면으로 쳐다보며 마치 사람들을 한 명 한 명씩 직시하는 듯한 느낌을 주면서 말을 한 반면, 닉슨은 그 당시 수술 직후라 평소보다 더 창백하고 유약해 보였던 것이다. 당초의 예상을 뒤엎고 케네디가 승리를 거두었을 때, 케네디의 신체적 매력이 승리의 한 원인으로 작용한 것을 부인할 수 없었다.

비슷한 예로, 교사들은 잘 생긴 애들이 머리가 더 좋다고 생각하며, 아이들 또한 예쁘게 생긴 친구는 나쁜 짓을 해도 야단을 덜 맞는다고 생각한다는 조사결과도 있다.

일반인들만 잘생긴 사람을 좋아하는 것이 아니다. 때로는 전문가도 그런 편견을 갖는다. 펜실베이니아 주 법원의 조사를 보면 폭행사건 발생시 가해자보다 피해자가 더 잘생긴 경우엔 평균 10,051달러의 벌금이 부과된데 반해, 가해자가 더 잘생긴 경우의 벌금은 평균 5,623달러로 거의 절반 수준이었다.

요컨대 사람들은 외모가 단정한 사람에게 호감을 갖게 되고, 호감을 갖는 사람의 말을 더 신뢰한다. 그러므로 많은 고객을 상대하는 판매원이나 무역 상담을 위해 바이어를 만나야 하는 비즈니스맨이 단정한 헤어스타일과 옷차림을 해야 함은 물론이다.

인간적인 모습을 보여라

그러나, 너무 말쑥하여 흠 하나 잡을 것 없이 깔끔한 사람은 도리어 미움을 살 수도 있다. 그야말로 주는 것 없이 미운 것이다. 결국, 잘생긴 것보다 더 중요한 것은 인간적인 면을 보여주는 일이다.

인간적인 면은 인쇄매체 광고보다 텔레비전 광고에서 더욱 효과적으로 활용할 수 있다. 광고에 등장하는 사람의 이면적인 모습까지도 나타낼 수 있기 때문이다.

그 한 예로, 기업의 CEO가 직접 출연하는 광고들이 있는데, 그 효시는 미국 크라이슬러 자동차회사의 아이어코카Iacocca 회장이다. 광고 속에서 그는 회장의 모습이 아닌 한 인간의 모습으로 등장하여 그저 나를 믿고 우리 차를 한 번 사보라고 호소한다. 황량한 벌판의 강한 바람을 맞으며 바바리코트의 깃을 세운 채 외롭게 걸어가면서 호소하는 그의 모습에 시청자들은 그를 한 번 신뢰해보고 싶은 충동을 느끼게 된다. 소비자들의 외면으로 도산 직전까지 갔었던 크라이슬러가 다시 미국인의 사랑을 받게 된 데는 이 광고의 효과가 컸다.

우리나라에서도 회사의 사장이 직접 출연하는 광고가 간혹 있다. 이때 중요한 것은 사장이 몸소 출연했다는 점이 아니다. 사람들이 짐짓 생각하는 사장의 위엄과 권위를 떠나, 보다 인간적이고 평범한 모습을 보여주어야 한다는 점이다.

다정한 도둑이 되어라

사람들은 또한 자기를 좋다고 말하는 사람에게 호감을 갖는다. 디트로이트에는 조 지라드Joe Girard라는 전설적인 인물이 있다. 시보레 자동차의 판매원인 그는 1966년부터 1977년까지 매일 5대 이상의 차를 판매한 대기록의 소유자이다. 그의 이름은 가장 위대한 자동차 판매원으로 기네스북에까지 수록되어 있다. 이처럼 엄청난 성공을 하기까지 그가 쓴 방법은 매우 간단하다.

다양한 모델의 자동차가 판매되는 미국에서, 소비자들로서는 실상 어느 차가 좋은 것인지 제대로 판단하기 힘들다. 더구나 선택사양품목에 따라 가격이 달라지니 결국 판매하는 사람을 믿고 사는 수밖에 없다. 그러니 판매원은 고객에게 자기가 좋은 사람이라는 것을 보여줘야 한다.

이것을 깨달은 조 지라드는 자기로부터 차를 산 고객들에게 매달 편지를 보냈다. 편지 내용은 아주 간단했다. "I like you"와 조 지라드라는 그의 이름, 그게 전부였다. 이 편지를 해마다, 1년에 12번씩 단 한 명의 고객도 빼지 않고 배달했다. 그 결과, 고객들이 차를 바꿀 때면 으레 지라드에게 갈 뿐 아니라 친구에게 아는 딜러가 있는지 질문을 받으면 당연히 이 사람을 소개한 것이었다.

혹시 이것이 너무 장삿속이 들여다보이는 방법은 아닌가? 물론 그렇다. 하지만 중요한 것은 자기를 좋다고 말하는데 약한 인간의 본성이다.

사람들은 칭찬하고 아첨하는 것이 말뿐임을 안다 해도, 칭찬 듣는 것이 나쁘지 않고, 좋은 말을 해주는 사람이 싫지 않은 것이다. 자녀와 함께 백화점에 갔을 때, 점원이 "어머, 애 귀엽다. 너 몇 살이니?" 하며 관심을 보이면 비록 그것이 가식이어도, 손님은 그 점원에게 끌리게 된다. 자기 아이를 예쁘다고 하는데 싫을 이유가 없는 것이다.

반드시 칭찬의 말이 아니더라도 듣기 좋은 말을 하는 것만으로 호감을 얻을 수 있다. 고대 페르시아에서는 전쟁터의 전황을 알려주는 전령이 있었다. 전쟁터에서 달려와 승전보를 알려주는 전령은 왕궁에 도착하면 영웅대접을 받았다. 하지만 패전의 소식을 전하는 날이면 대접이 달라진다. 전령의 목을 베는 것이다. 전령이 전쟁의 승패를 좌지우지하는 것도 아닌데, 좋은 소식을 전해주면 좋은 사람이 되고, 나쁜 소식을 전해주면 나쁜 사람이 되는 것이다.

외국 사람들의 경우 딱딱한 연설이라도 처음에는 재미있는 유머로 시작하는 것을 흔히 볼 수 있다. 청중들에게 우선 부드러운 얘기부터 함으로써 좋은 사람이란 것을 보여 호응을 얻기 위함이다. 외국 바이어들은 진지한 상담을 하기 전에 농담을 건네며 화기애애한 분위기를 만든 후 협상을 시작하곤 한다. 남의 호감을 사는 것이 중요하다는 것을 알기 때문이다.

그렇다면 백화점의 판매원에서부터 바이어를 대하는 비즈니스맨에 이르기까지, 물건을 어떻게 팔 것이냐에 앞서 상대편을 어떻게 나의 친구로 만들 것이냐에 먼저 신경 써야 하지 않을까? 미국의 한 보험회사의 판매원 교육과정 제목을 보니 '다정한 도둑Friendly Thief이 되자'이었다. 그 뜻을 잘 음미해볼 필요가 있을 것 같다.

시장을 차지하기 위한 시크릿 코드

PART 3

SECRET CODE of MARKETING

상대방의 **약점**을 **공략**하라

오늘날의 소비자 시장은 전반적인 경기침체로 성장이 둔화되고 있는데다 시장 개방의 압력, 기술의 급속한 확대 등으로 기업 간 경쟁은 날로 치열해져가고 있다.

이에 따라 각 기업은 시장점유율의 증가를 통하여, 즉 다른 기업의 희생을 통해서라도 이익을 얻어야 하는 상황에 있다. 자사의 시장점유율 1퍼센트를 높이려고 경쟁 기업의 시장점유율 1퍼센트를 빼앗기 위해 동분서주하는 것이다. 때문에 성공적인 마케팅 전략을 수행하기 위해서는 경쟁을 의식하지 않을 수 없다.

단순한 경쟁의 수준을 넘어서 전쟁의 양상으로 바뀌어가는 오늘날의 마케팅 상황을 전술적으로 이해하기 위해, 군사 전략의 원리를 살펴볼 필요가 있다. 군사 용어를 사용함으로써 상황을 좀 더 쉽게 묘사할 수 있으며, 또한 경쟁 전략을 생각하고 기획하는 데도 도움이 되기 때문이다.

마케팅 분야에서 군사 전략 용어를 빌려 사용한 지는 이미 오래되었다. 예를 들어, '500만 상자 고지 점령', '일본 제품의 무차별 융단 폭격', '오디오 시장에서의 한판 격돌' 등 군대에서 쓰는 용어들이 그대로 차입되고 있다. 그러나 군대에서 차입된 것은 용어뿐이지, 그 용어의 뒤에 숨어 있는 전략적 사고방식은 아직 흡수되지 못하고 있다.

또한 군사 전략의 개념을 편의대로 해석해서 사용하기 때문에 마케팅 전쟁에 관한 각종 이론이 오히려 혼란을 야기하기도 한다. 그러므로 마케팅 경쟁의 상황에 더 잘 대처하기 위해 군사적 공격과 수비 전략의 개념을 원칙대로 이해해볼 필요가 있다.

정면이 아니라 측면을 공략하라

공격은 주로 자사自社보다 우위에 있는 기업을 대상으로 하는 것이 일반적이다. 공격이라 하면 정면으로 부딪치는 형태를 연상하기 쉽지만, 공격의 정석은 측면 공격flanking attack이다. 대부분의 기업이 공격받을 만한 정면은 잘 보강하기 때문에 방어태세가 막강하다.

현대의 공격전에 있어 가장 기본이 되는 원칙은 적의 약점에 힘을 집중한다는 것이다. 그래서 공격 기업은 마치 표적 기업의 정면을 공격할 것처럼 행동하고 실제로는 측면이나 후면을 공격한다(양동작전). 즉, 측면 공격은 적이 방어의 경계를 늦추고 있는 곳을 치는 간접 전략인 셈이다.

측면 공격의 원리는 아군의 강점을 적군의 약점과 경쟁시키는 것이다. 이의 궁극적인 목표는 훗날 표적 기업을 공격하기에 충분한 시장 지위를 확보하려는 것이다. 물론 정면으로 대결할 수 있는 준비가 갖춰질 때까지 잠자는 거인(경쟁 기업)을 깨우지 않는다는 전제하에 이 전략을 조심스레 수행해야 한다.

요약컨대 시장이나 제품의 틈새 영역을 선정해서, 그 좁은 '기회의 틈'에 마케팅 노력을 집중해야 한다. 일단 측면 공격이 성공하게 되면, 유통의 확장과 광고의 증대를 꾀하면서 점차 정면공격 대형으로 바꾸어나간다.

시장면의 공격

측면공격은 표적 기업에 대하여 두 가지 차원에서 시도할 수 있는데, 그 하나가 유통상의 공격, 즉 지역적 공격(시장 면)이다.

지역적 공격은 적이 효율적으로 운영하지 못하거나 아예 존재하지 않는 지역을 찾아내는 것이다. 일본의 혼다 오토바이는 기후상 오토바이 사용량이 많은 베트남을 먼저 장악해나가기 시작해서 점차 아시아, 호주, 인도 지역 등으로 넓혀나가다가 유럽과 미국에까지 침투하였다.

지역적 측면 공격은 이처럼 표적 기업과 유사한 제품을 가지고 유사한 시장 욕구를 만족시키되 표적 기업이 관심을 덜 갖는 지역에 침투하는 것이다.

월마트 할인점의 전략도 전형적인 측면 공격이었다. 1962년에 문을 연 월마트는 인구가 2만 5,000~5만 명 정도 되는 소도시에만 상점들을 세워, 다량으로 염가에 구입한 유명 브랜드의 제품들을 판매하였다. 당시에는 다른 어느 소매 체인점도, 5만 명 이하의 도시에는 관심을 갖지 않았던 것이다. 그 후 월마트는 지속적인 성장을 통해 오늘날 8,000개 이상의 상점에서 4,000억 달러가 넘는 매출을 기록하는 세계 1위의 할인점 제국을 건설하였다.

유통구조를 바꿈으로써 측면 공격을 시도할 수도 있다. 많은 기업들이 새로운 유통 채널로 홈쇼핑이나 온라인을 택하고 있다. 온라인의 매출은 이미 백화점의 매출을 넘어섰다. LG의 저가 화장품 비욘드는 방문판매나 화장품 전문매장이 아니라 샵인샵shop-in-shop을 자신들의 유통채널로 선택했다. 비욘드는 화장품업계에서 후발임에도 불구하고 2년 만에 500억 원의 매출을 올리며 동종 업계에서 확고히 자리를 굳혔다.

▍제품면의 공격

측면 공격의 또 다른 유형은 새로운 제품을 통한 공격이다. 유통 측면의 공격과 달리 제품의 차별화를 통한 측면 공격은 경쟁사가 만족시키지 못하는 소비자의 욕구를 찾아내는 방법이다. 즉 표적 기업과 확실히 구분되는 제품으로 그동안 등한시되어 왔던 시장의 욕구를 충족시키는 것이다. 기존 제품의 크기, 속성 또는 가격 등을 잘 살펴보면 빈 구멍을 발견할 수 있다.

우선, 제품의 크기에 있어 얇고 가벼운 것, 작고 휴대하기 간편한 제품들이 사람들의 관심을 끈다. 일본 기업들이 70~80년대 전자시장을 장악했었던 데는 '경박단소輕薄短小'한 제품을 만드는 능력이 한몫을 하였다.

　제품의 포장 크기를 줄여 성공한 사례로 포장 김치를 들 수 있다. 포장 김치의 평균 단위는 750그램이었다. 한울농산은 80그램짜리 꼬마김치를 선보이면서 편의점을 휩쓸었다. 편의점에서 라면을 사 먹을 때 함께 먹기에 적절한 크기인 것이다. 여기서 힘을 키운 한울농산은 포장 김치시장에 본격적으로 진출하였다.

　남들이 소형화를 추구할 때, 거꾸로 대형화된 제품을 가지고 측면 공격을 하는 기업도 있다. 헤드의 자회사인 프린스는 라켓 면이 월등하게 큰 대형 테니스 라켓을 만들어서 크게 성공을 거두었다. 라켓 면이 커서 공을 맞출 확률이 높기 때문에 초보자들 사이에서 인기 있다. 코카콜라는 보통 캔보다 두 배 이상 큰 '슬램덩크'를 출시하여 젊은 학생층의 인기를 끈 바 있다.

　새로운 속성을 첨가하는 것만이 제품의 차별화를 가져오는 것은 아니다. 오히려 속성을 제거함으로써 차별화되기도 한다. 교토에 있는 미야코 호텔은 객실의 전화, TV, 라디오, 심지어 시계조차 치워버렸다. 말하자면 20세기의 잡음원을 모두 제거한 것이다. 문화의 혜택이라고는 냉장고와 룸서비스를 받을 수 있는 버튼뿐이다. 그러나 시설은 단순할지언정, 가격이 낮은 것은 아니다. 잘 가꾸어 놓은 정원 사이에 드문드문 단독주택처럼 배치되어 있는 방의 숙박비용은 고급 호텔의 평균 방값보다 무려 60퍼센트나 더 비싸다. 그런데도 6개월 전에 예약하지 않으면 방을 구할 수 없다.

　많은 기업들이 저가격 전략을 공격 무기로 삼지만, 고가격 전략을 측면 공격에 활용할 수도 있다. 고가격 전략은 품질이 훌륭함을 연상시키기 때문이다. 그래서 조이Joy와 같은 향수는 '세계에서 가장 원가가 비싼 향수the costliest perfume in the world'임을 강조해 샤넬과 함께 세계 최고의 향수라는 명성을 유지하고 있다. 이 경우 고가격이 오히려 구매 이유가 되는 것이다.

오늘날과 같은 글로벌 경쟁 시대에서 경쟁사와 유사한 제품을 가지고 뒤늦게 시장을 노크한다면, 백전백패는 자명한 일이다. 어느 기업이든지 속성을 더 첨가한 제품을 출시하는 것이 시장의 대세라면 반대로 속성을 제거한 '~프리(~free)' 제품으로 측면 공격을 시도할 수 있다. 컬러-프리, 슈거-프리, 카페인-프리 등의 음료수는 색깔이나 설탕, 카페인이 없어서 기존의 다른 제품들과 차별화되고 있다. 또한 식품에도 팻-프리fat-free, 콜레스테롤-프리, MSG-프리 등 속성 면에서 차별화를 시도한 제품들이 등장하고 있다.

또, '~프리' 제품들이 시장의 주종을 이루고 있다면, LA더블콜라처럼 카페인을 두 배로 첨가한 콜라로 히트를 칠 수 있다. 카페인을 두려워하기보다 이를 반기는 소비자도 많은 것이다.

이처럼, 시장에서 당연시하여 받아들이는 제품의 속성을 뒤집어볼 때 측면 공격의 기회를 엿볼 수 있다. 『손자병법』의 「궤도詭道편」에서는 "적의 무방비한 곳을 공격하고 적이 생각지 못한 곳을 노려야 한다. 이것이 병법가가 승리를 거두는 비결이다."라고 강조했다. 즉 상대방의 의표를 찔러야 싸움에서 이긴다는 것이다.

극단을 **추구**하라

마케팅 전쟁에서 살아남을 수 있는 한 형태로서 '선점 유지' 전략이 있다. 초고가나 초저가처럼 극단을 추구하면, 그런 시장은 제한적이기 때문에 대기업이 참여를 망설이게 되므로, 버거운 경쟁을 피할 수 있다. 다시 말해, 경쟁이 치열하지 않은 세분 시장에서 기반을 닦은 후 시장을 넓혀가는 것이 측면공격이라면, 선점 유지는 시장의 범위를 넓히지 않고 그 세분시장을 고수하는 전략을 말한다.

　선점 유지의 상한적 극단upper limit을 추구하는 전략은 남이 갖고 있지 않은, 매우 독특한 기술이나 디자인 능력이 있을 때 활용할 수 있다. 포르쉐는 최고의 기술과 빼어난 디자인 능력을 바탕으로 초고가 전략을 펼쳐 차별화된 이미지를 만들었다. 이렇게 차별화된 이미지는 대기업도 뺏기 힘들다.

　그러므로 거대한 대기업들이 각축을 벌이는 글로벌 경쟁 시장에서 선점 유지 전략이야말로 소규모 기업이 살아남을 수 있는 지혜가 된다. 이때 소규모라고 일컫는 것은 물론 상대적인 의미이다.

HJC는 오토바이 헬멧 하나로 연간 1억 달러 이상의 매출을 올리고 있는 기업이다. 세계 시장 1위로 HJC의 북미 시장점유율은 40퍼센트에 이른다. 비록 할리 데이비슨이나 혼다가 경쟁하는 오토바이 산업 등과 비교했을 때는 소규모 시장이지만, 헬멧 시장에서만큼은 HJC가 시장을 장악하고 있고 선두주자로서 방어전을 펼치게 되는 것이다. 그들은 어떤 희생을 치르더라도 이 시장을 지키려고 애를 쓰기 때문에 대기업도 함부로 공격하지 못한다.

전쟁터의 규모를 줄여서 집중하라

이러한 선점 유지 전략의 요점은 바로 '좁고 깊게'라고 볼 수 있다는 것이다. 예컨대, 독일의 테트라Tetra는 테트라민Tetramin으로 전 세계의 고급 열대어 먹이시장을 장악하고 있다. 선점 유지 전략을 성공시키려면 우선 충분히 방어할 수 있을 만큼 작은 시장을 찾아야 한다. 세분시장을 잡되 선도자가 될 수 있을 만큼 작은 시장을 잡아야 하는 것이다.

어느 상황에서든 선두의 자리는 중요하다. 그래서 만약 전체 시장에서 선두가 아니라면 선두의 자리를 차지할 수 있는 세분시장에 집중해야 하는 것이 선점 유지의 원리이다. 선점 유지 전략은 '큰 기업이 작은 기업을 이긴다'는 힘의 원리를 역행하려는 것이 아니다. 전쟁터의 규모를 줄여서 힘의 우위를 달성하는 것이다. '호랑이 없는 굴에 토끼가 왕'이라 하듯이 호랑이 없는 굴을 찾아가는 것이다.

영역 확장의 유혹을 억제하라

선점 유지 전략을 쓰는 기업들은 때때로 제품의 범위를 점차 넓혀 좀 더 큰 제품시장의 선두기업에게 측면 공격을 가하고 싶은 유혹을 느끼기도 한다. 예컨대, 롤렉스나 롤스로이스는 그들의 좋은 이미지를 활용해 다소 저렴한 모델 라인으로 더 큰 시장에 참여할 수도 있을 것이다. 이를 '계열 확장의 함정'이라고 하는데, 매우 위험한 유혹이다. 다소 저렴한 모델들은 최고급 제품의 이미지를 손상시킬 수 있기 때문이다.

미국의 크라이슬러가 어려워지자 그들의 유통망이 탐났던 다임러 벤츠는 크라이슬러를 인수한다. 다임러-크라이슬러Daimler-Chrysler라고 사명까지 바꾸고 대중적 확장을 꾀하였지만 오히려 이미지의 상처를 입고, 이제 다시 경영상의 분리를 추진하고 있다. 합병을 주도했던 슈렘프Jurgen Schrempp 회장이 옷을 벗은 것은 물론이다.

그러므로 선점 유지 전략을 쓰는 기업이 살아남기 위해서는 자기 영역을 확장하고 싶은 유혹을 끊임없이 억제해야 한다. 상대기업을 자기의 홈그라운드로 끌어들여 함정에 빠뜨려야지, 적과 유사한 제품을 가지고 적진으로 뛰어들면 실패를 자초하는 셈이 된다.

저가격 전략을 함부로 쓰지 마라

선점 유지 전략에서 하한적 극단lower limit은 저렴한 가격으로 시장에 침투하는 것이다. 물론 소비자들은 싼 가격을 좋아한다. 그런데 '조금' 싸게 제품을 판매할 경우, 경쟁사들이 쉽게 흉내 낼 수 있다. 저가격 전략을 쓰려면 누구도 감히 흉내 내지 못할 정도로 가격이 싸야 한다.

　저가격 전략의 장점은 저가격 시장은 늘 형성된다는 점이다. 시장에는 돈을 절약하고 싶은 사람이 언제나 있기 마련이다. 그래서 저가격 전략을 쓰면 시장 진입은 쉽지만, 곧 발목을 잡히기 십상이다. 가격을 떨어뜨리고도 이익을 남기는 것이 쉬운 문제는 아니기 때문이다.

　미샤는 3,300원짜리 초저가 화장품을 선보여 시장을 뒤흔들어 놓았지만, 지탱하지 못하고 어려움을 겪었다. 지금의 평균 판매가격은 15,400원이다. 경쟁력을 그만큼 상실한 것이다.

　마케팅에서 경쟁사가 저가격 전략으로 공격할 경우 타깃 기업은 쉽사리 대응하기 어렵다. 고객은 기존의 서비스를 지속적으로 받을 것으로 기대하기 때문에, 타깃 기업은 서비스를 줄이면서까지 저가격 전략으로 대응하기 쉽지 않다. 즉 타깃 기업이 기존의 시설이나 운영방법을 갑자기 저가격 체제로 바꾸기는 어렵다. 그러므로 저가격 전략으로 측면 공격을 하는 기업은 큰 저항 없이 시장에 진입할 수 있다.

　그러나 절박한 상황에 빠진 타깃 기업이 저가격 전략에 대응하기 위해 급격한 가격 인하를 시도할지 모른다는 위험은 언제든 존재한다. 그러므로 저가격 전략을 고려하는 기업은 잠재적 가격 전쟁에서 살아남기 위한 재정적 자원과 건전한 원가구조를 지니고 있어야 한다.

어중간한 저가격 전략은 반드시 실패한다

또 다른 위험은 경쟁자가 몇 가지 속성을 첨가시켜, 많지는 않지만 그래도 뭔가 더 붙인low-frills 제품으로 포지셔닝하는 것이다. 모텔 식스Motel-6 체인은 전화도 없고, 텔레비전도 없는 66달러짜리 숙소로 포지셔닝했다. 그러나 얼마 지나지 않아 경쟁자들을 불러 모으는 결과를 낳았는데, 경쟁자들은 모텔 식스와 비슷하거나 약간 비싼 가격에 조금 더 많은 서비스들을 제공하고 나섰다. 모텔 식스의 66달러짜리 방은 이슈가 되지 못한 채 소비자의 관심에서 멀어져갔다.

브랜드 이미지가 관련된 경우, 가격 파괴 전략은 더욱 위험하다. 딜라드Dillard's 백화점 체인은 1983년 이후 10년 사이 매출이 6배나 뛰어 51억 달러에 이르며, 미국에서 다섯 번째로 큰 백화점 체인이 되었다. 그러나 1994년에 들어서면서 이익이 떨어지기 시작하였다. 월마트 같은 할인점이 등장한 데 위협을 느껴 '매일 저렴한 가격(Everyday Low Pricing : EDLP)' 전략으로 공격에 나선 것이 화근이었다. 이것은 백화점에는 적절치 않은 방식이었던 것이다.

처음부터 월마트와 같이 대중적 이미지로 무지하게 싼 가격의 양판점으로 접근한 것도 아니고, 노드스트롬 백화점과 같이 고객밀착형의 고급 백화점을 지향한 것도 아닌 '저렴한 백화점'의 이미지라는 두 마리 토끼를 좇으려다가 어중간한 상태에 빠지고 만 꼴이 되었다.

요약건대, 저가격 전략을 쓰려면 뛰어난 관리능력으로 원가를 절감low cost할 수 있어야 하고, 동시에 판매량sales volume에 자신이 있어야 한다. 단순히 시장에서 살아남기 위해 저가격 전략을 택한다면, 실패는 불을 보듯 뻔하다.

지긋지긋하게 **게릴라** 공격을 **감행**하라

군대에서의 게릴라 공격은, 소규모의 간헐적인 공격을 서로 다른 여러 지역에서 감행함으로써 적을 지긋지긋하게 괴롭히고 사기를 떨어뜨려 결국 손들게 하는 전략을 의미한다. 여기저기 들쑤심을 당한 적은 다음에는 어디를 찔릴지 몰라 안절부절못하게 된다.

중국의 마오쩌둥 군대가 장제스의 국민혁명군을 괴롭힌 경우나 북베트남(월맹)의 호치민 군대가 미군을 괴롭힌 전쟁의 역사가 게릴라 공격의 유효성을 잘 보여준다.

마케팅에서는 선별적 가격할인, 공급 방해, 간헐적인 광고 폭주, 적에 대한 법률적 제재 등의 형태로 적용할 수 있다. 게릴라 공격은 보통, 상대가 안 되게 작은 기업이 큰 기업을 괴롭히기 위하여 이용하는 방법이다. 정상적인 공격을 효과적으로 수행할 수 없을 때 소규모 기업이 단기간의 판촉활동이나 가격 공세를 무차별적으로 펼쳐서 점진적으로 적의 시장 파워를 약화시켜 나가는 것이다.

게릴라 공격을 단순히 자본이나 세력이 약한 중소기업이 이용할 수 있는 저低자원 전략으로 생각해서는 안 된다. 게릴라 전략의 마지막 단계에서는 강력한 공격으로 적을 분쇄하는 능력도 필요하다. 그런 만큼 기업 자원의 관점에서 게릴라 공격을 무조건 저렴한 전략으로 치부할 수 없다.

상대방을 짜증나게 하라

게릴라 전략의 형태는 시장 중심적인 공격과 시장 중심이 아닌 공격으로 나누어볼 수 있다.

시장 중심적 공격은 여러 곳에서 동시에 공격을 가하고, 재빨리 후퇴하는 것이 특징이다. 말하자면 '히트-앤드-런hit-and-run' 방법이다.

미국 시장에서 활동하는 일본 기업들은 간혹 소매상들을 동원해 특별 판촉을 벌이기도 한다. 어떤 때는 지역에 따라 선별적으로 가격을 대폭 낮추기도 한다. 또는 특정 유통경로에 강한 압력을 넣어 그들의 제품이 더 잘 전시되도록 한다. 파행적이며 파격적인 마케팅 활동을 통해 시장의 질서를 뒤바꿔 놓으려는 목적에서 히트-앤드-런 공격을 하는 것이다.

시장 중심이 아닌 게릴라 공격도 일본 기업에 의해 심심치 않게 사용된다. 경쟁기업의 중요한 경영진을 스카우트하기도 하고, 제3의 경쟁기업이나 유통경로를 통째로 인수해버리기도 하며, 산업스파이를 동원하기도 한다. IBM의 비밀 자료를 구하려던 히타치의 불법적 비밀첩보 사건은 대표적인 예이다. 전시회에서 눈에 보이는 모든 것을 촬영해가는 일본 기업의 정보 수집 활동도 미국 기업들을 짜증나게 하는 요소이다.

법률적인 제재도 적을 괴롭히는 데 효과적으로 쓰일 수 있다. 공정 거래 위반, 독점금지법 위배, 사기 세일, 과장 광고, 상표권 위배 등으로 트집 잡아 법정에 끌고 갈 수 있는 것이다.

지금은 회계부정사건으로 사라지고 말았지만, 일리노이 주의 장거리 유선사업자였던 MCI가 AT&T를 해산시킨 사례는 유명하다. 고집 세고 완고하며 강한 의지를 지닌 빌 맥가원 사장은 AT&T의 장거리 전화 사업이 독점금지법 위반이라고 끊임없이 물고 늘어졌다. 16년 동안의 송사에 지친 AT&T는 1984년 9개의 회사로 자진 해산하고 말았다. 이 사건으로 미국 장거리 전화시장의 구도는 큰 변혁을 겪게 되었다.

크기 전에 밟아라

큰 기업도 작은 기업의 위협을 사전에 제거하기 위해 초장에 힘 빼기를 시도할 수 있다. 공업용 인조 다이아몬드는 고속 정밀절삭 및 연마, 가공 공구를 만드는 데 쓰인다. 다이아몬드공구는 기계·금속·자동차·전자·건축·토목 등 여러 산업에서 핵심 공구로 사용되고 있다. 오늘날 공업용 인조 다이아몬드는 각종 산업에 필수적인 소재가 되어가고 있다. 이러한 핵심부품을 일진 다이아몬드가 생산하기 이전에는 국내 소요량의 전부를 수입에 의존했다.

일진 다이아몬드가 제품을 생산하자, GE가 일진을 영업 비밀을 침해했다는 이유로 매사추세츠 주 연방법원에 제소하면서 두 회사의 싸움이 시작되었다. 공업용 다이아몬드의 세계 시장 가운데 90퍼센트를 GE와 드비어스De Beers가 양분하고 있다.

이외에도 일본·
프랑스·소련·중
국 등에서 생산되
고 있으나, 한국보다 품질이 떨어지는 것으로 나타났다. 그래
서 위협을 느낀 GE가 매출 규모 면에서 250분의 1에 불과한
일진에 대해 소송을 벌인 것이다.

일진이 공장건설을 추진하면서 1983년 말 GE에서 퇴직하고 경쟁
사인 노턴으로 옮긴 다이아몬드 합성 기술자, 중국계 미국인 성 치엔
민 씨와 기술지도 계약을 체결한 것이 화근이었다. 실제 성 치엔민 씨
로부터 넘겨받은 도면은 별로 도움이 되지 않았다.

그러나 GE는 미국 법원에 일진의 생산중지 가처분신청을 냈고, 미
국 법원은 "일진은 7년간 생산을 중지하고, 관련 장비를 파괴하라."는
청천벽력 같은 결정을 내렸다. 일진은 미국 법원에 항소의사를 통지
했으나, GE와의 싸움이 역부족이라고 생각하여 기술도입 계약을 체
결해 화해키로 합의했다.

두 회사의 승패를 정확히 판정하기는 어렵지만, 업계에선 무승부
로 보고 있다. 일진은 계속 싸우기에 힘겨운 상대를 약간의 로얄티를
주는 것으로 무마함으로써 실리를 찾았고, GE는 주주 등 이해관계자
들에게 승리했다고 주장할 수 있는 명분을 얻게 되었다는 것이다.

약 5년간에 걸친 일진과 GE 사이의 분쟁은 시사하는 바가 크다.
GE는 일진의 해외시장 진출을 막기 위해 교묘한 시간 끌기 작전을 시
도했다고 볼 수 있다. 일진은 비록 분쟁이 잘 해결됐다고 해도 물질적
으로나 정신적으로 많은 피해를 입었으며, 그에 대한 보상은 전혀 없다.

결정적 시기에는 대규모 공세를 퍼부어라

게릴라 전략은 시장 지위가 열세이거나 자원이 적은 기업에 적절하다. 이 전략은 공격하는 기업에 비해 공격받는 기업이 불균형적으로 자원을 소모하도록, 광범위하고 끈질기게 공략하는 방법이기 때문이다.

일본 기업의 기습적인 가격인하, 급작스러운 판촉 공격, 판매조직이나 유통경로에 대한 기습적 침투 등의 행위에 대해 미국 기업은 신경질적으로 반응을 하지 않을 수 없다. 게릴라 전략은 그 자체로서 공격이 마무리되는 것이 아니다. 이것은 시장 지배로 가는 길에 한 걸음을 내딛는 것이라 볼 수 있으며, 결정적인 시기에는 곧 대규모 공세로 최종 마무리를 해야 한다.

끊임없이 **자신을 공격**하라

방어 전략에는 기본적으로 두 가지가 있다. 그 하나가 '억제방어deterrent defence'이다. 억제란 위협을 실현시키지 않고, 즉 무기를 실제로 사용하지 않고 무기의 존재 그 자체를 활용하는 것이다. 고대 로마의 장군, 베게티우스Flavius Vegetius의 "평화를 원하거든 전쟁을 준비하라."는 잠언은 억제에 근거를 둔 말이라 볼 수 있다.

억제방어 전략은 전쟁을 위한 전략이 아니다. 상대방으로 하여금 모든 대안 중에서 침략이 가장 매력이 없는 대안이라는 것을 확신하도록 만드는, 평화를 위한 전략이다. 억제방어 전략은 제대로 시행되면 적의 도발의사를 심리적으로 제지시키는 효과를 갖는다.

핵무기의 출현으로 말미암아 전쟁의 시대는 사실상 종료되었다고 보는 시각까지 제기되고 있다. 핵무기는 '절대무기'로서, 전쟁은 곧 인류의 파멸을 의미하기 때문에 이제 세계대전과 같은 전쟁이 불가능하게 되었다는 주장이다.

위협적인 절대무기를 준비하라

마케팅에서는 타의 추종을 불허하는 기술이 절대무기의 역할을 할 수 있다. 예컨대, 메인 프레임 컴퓨터에서 IBM의 기술은 독보적인 것이었다. 어느 누구도 메인 프레임 시장을 쉽게 넘보지 못했다.

강한 브랜드 파워도 절대무기의 역할을 수행할 수 있다. 하지만 이런 경우 브랜드 파워가 강할 때 유통경로 등을 잘 관리해야지, 다른 비인기 품목과 '끼워 팔기'를 한다든지 파워를 남용하면 경쟁 브랜드가 나타났을 때 방어력이 약화된다.

경쟁기업의 시장 진입을 막기 위해 새로운 공장을 건설하거나 공장 확장을 발표하는 등의 위협을 가할 수도 있다. 이때 기업의 실제 의도는 공장 확장에 있는 것이 아니라, 경쟁자들을 위협하는 데 더 큰 목적이 있는 것이다. 경쟁기업으로 하여금 도전에 대한 보상보다는 치러야 할 비용이 더 많을 것이라는 점을 인식하도록 하는 것이 억제 방어의 핵심이다.

억제방어를 성공시키려면, 위협의 존재가 적에게 알려져야 한다. 즉, 명확하고 용의주도한 의사전달이 필요하다.

로키산맥의 큰 회색곰은 그가 선택한 지역에 있는 나무마다 닿을 수 있는 가장 높은 위치에 발톱자국을 냄으로써, 그가 소유한 영역의 경계를 다른 곰들에게 명확하게 알려준다. 마케팅에서는 공식적인 성명, 과시적인 행동, 개인적 관계 등을 통하여 잠재적인 경쟁자에게 위협의 의사를 전달할 수 있다.

또한 억제방어 전략을 펼치려면 역량이 있어야 한다. 역량은 위협을 실행에 옮길 수 있는 능력을 의미한다. 예컨대, 브랜드 파워가 강한 한 기업이 특정 유통점에 다른 브랜드를 취급하면 공급을 중단하겠다고 말했을 때 유통점이 그 조치를 위협으로 느낄 수 있어야 한다. 이러한 역량은 일시적인 능력으로는 달성될 수 없다. 변화무쌍한 시장 상황에서 억제의 안정성을 유지하도록 노력을 계속해야 한다.

억제방어 전략에는 가시성도 필요하다. 방어 기업이 위협을 실행에 옮길 것이라고 상대방이 믿도록 해야 한다. 잠재적인 도전 기업으로 하여금, 금지된 행동을 취할 때 치러야 할 대가가 미래에 얻을 수 있는 성과보다 클 것이라고 인식하도록 만들어야 한다. 호랑이가 으르렁거림으로써 자기 의도를 전달하고 송곳니를 보임으로써 자기 능력을 과시하는 것처럼 말이다.

고정적인 방어는 위험하다

현재 우위를 점하고 있는 방어 기업의 입장에서는 영구적으로 경쟁자를 억제할 수 있는 장치를 마련하고 싶은 욕구가 생긴다. 프랑스의 마지노선, 독일의 지그프리트선(Siegfried line, 제2차 세계대전 직전에 히틀러가 프랑스와의 국경에 구축한 요새선) 등과 같이 어떤 요새화된 전선을 만들어 현재의 위치에서 방어 position defense 하려고 시도하는 것이다.

그러나 마지노선이나 지그프리트선 등 난공불락의 요새처럼 보이던 방어진지들은 모두 무너지고 말았다. 이와 같이 고정적인 진지 방어는 매우 위험한 전략이다.

마케팅에 있어서 진지 방어라는 것은 무엇에 비길 수 있을까. 이는 선두기업이 자기의 위치에 만족하여 조금도 새로운 시도를 하지 않고 보수적인 경영을 고수하는 경우라 볼 수 있다. 공격을 받는 선두기업이 현재의 제품에 높은 방벽을 쌓으려고 모든 자원을 동원한다면 그야말로 어리석은 일이 될 것이다.

자신의 제품을 스스로 진화시켜야 한다

순수한 억제방어 전략은 제품 또는 시장에 별다른 변화가 없을 것을 전제로 한다. 즉, 기업은 자신의 제품이 무적이라서 시장이 이를 계속 흡수할 것이라 보는 것이다. 그러나 억제방어는 사실상 줄어들어가는 시장을 지키려는 것으로, 이 전략만 고집하면 언젠가는 궁지에 몰리게 되어 있다.

억제방어 전략에만 의존하는 기업은 견고해보이는 방어의 우산 아래 나태하게 누워 있다가 어느 날 문득 자신이 발톱 빠진 호랑이가 되었음을 깨닫게 될 것이다.

이에 대한 처방으로서, 기업은 근시안적 관점에서 하루 빨리 벗어나야 한다. 즉, 경쟁사를 상대로 싸우고 방어하기보다는 스스로를 상대로 공격하는 자세로 제품 개발과 시장 개발에 힘씀으로써 자신의 제품을 스스로 진화시킬 수 있어야 한다.

고정적인 방어와 상대되는 전략은 기동방어mobile defense이다. 이는 기업이 현재의 시장을 앉아서 방어만 하는 것이 아니라 새로운 영역의 제품 또는 시장의 전쟁터로 옮겨가는 것을 말한다. 부단히 움직이는 표적moving target은 가만히 있는 표적sitting duck보다 훨씬 잡기가 힘든 것이다.

부지런히 자기 자신을 공격하라

마케팅에서 최선의 방어는 자기 자신을 공격하는 것이다. 세상에서 선두 브랜드로 포지셔닝하면 고객들의 마음속에도 선두의 위치에 자리 잡게 된다. 이때 그러한 위치를 고객의 마음속에 계속 유지시키려면 끊임없이 자기 자신을 스스로 공격해야 한다. 다시 말해 자신의 기존 제품을 진부화시킬 수 있는 새로운 제품이나 서비스를 개발함으로써, 오히려 자신의 위치를 강화시킬 수 있다.

면도기를 만드는 질레트가 좋은 예이다. 질레트는 슈퍼 블루 블레이드Super Blue Blade라고 부르는 전통적인 스테인리스 면도날로 시장을 장악하고 있었다. 그런데 1970년대에 들어서자 경쟁자였던 윌킨슨 스워드가 면도날을 가장 잘 깎일 수 있는 각도로 플라스틱에 접합시킨 편리한 면도기를 출시하였다.

경쟁자의 도전이나 환경의 변화에 대해 선두기업은 미리 경고 신호를 받게 되는 것이 일반적이다. 그러나 거대해진 선두기업은 환경 변화에 둔감하기 쉽고 경쟁자가 신제품을 내놓았다 하더라도 얕잡아 보기 일쑤다.

질레트는 다행히 전열을 가다듬고 방어전에 돌입하게 된다. 신제품 트랙-IITrac II로 반격에 나섰는데, 이것은 면도날을 플라스틱에 접합시켰을 뿐 아니라 세계 최초의 이중면도날이었다. 광고에서는 "2개의 면도날이 하나짜리보다 낫습니다."라고 주장하였다. 광고가 효과적이라면 고객들은 트랙-II가 기존의 슈퍼 블루 블레이드보다도 낫다고 생각할 것이므로, 물론 자기 살을 깎아 먹는 셈이 된다. 그러나 시장을 경쟁자의 손에 넘겨주는 것보다 자신이 빼앗는 편이 나은 것

이다.

　6년 후에 질레트는 에트라Atra를 내놓았는데, 이것은 이중면도날이면서 얼굴의 굴곡에 따라 헤드가 움직이도록 설계되었다. 헤드가 움직이지 않는 트랙-Ⅱ보다 더 우수한 제품을 내놓은 것이다. 질레트는 그 후에 다시 센서Sensor라는 제품을 내놓는다. 이 제품은 2개의 고감도 스프링 위에 면도날을 균형 있게 장착하여 피부 굴곡을 부드럽게 감지하면서 면도를 한다.

　질레트는 여기에 그치지 않고 자기 자신을 공격하는 전략을 계속한다. 3중 면도날의 마하3, 소형모터를 이용한 미세진동의 M3 파워, 5중 밀착 면도날의 퓨전파워 등으로 발 빠르게 진화시켜가고 있어, 경쟁자를 따돌리고 있다.

　애플은 아이팟을 내놓은 후, 미니, 셔플, 나노, 아이터치에 이르기까지 부지런히 자신을 공격하고 있다. 이렇게 자기 자신을 공격하는 전략을 이용하면 단기적 비용이 증대될지 모르지만, 근본적으로는 시장을 계속 장악할 수 있고 경쟁자로부터 공격받지 않는 지혜인 것이다.

실전에서는 **전략 공식**을 잊어라

마케팅 전략marketing strategy을 단순히 기업 전략corporate strategy의 하부 전략 중 하나라고 생각하면 큰 오산이다. 기업 전략과 마케팅 전략은 그 철학에 있어서 전혀 반대처럼 다르다.

마케팅 전략은 기업 전략과 정반대의 철학을 갖는다

'기업 전략'을 짜는 사람은 높은 고도에서 멀리 보아야 한다. 주로 기업의 CEO가 자신의 비전을 가지고 10년 뒤, 20년 뒤를 보면서 앞으로 어떠한 행보를 해야 하는가 고민하는 것이 기업 전략이다. 재벌 기업의 회장들은 지금은 많은 돈을 벌고 있어도, 늘 걱정이 많다. 왜냐하면 10년 뒤, 20년 뒤를 위한 성장 동력이 어디에 있는지 고민해야 하기 때문이다.

사회는 끊임없이 변화하는데 '우리는 어떻게 나아가야 하겠는가'를 고심하며, 남들이 볼 수 없는 예지력foresight을 가지려고 끝없이 노력해야 한다. 그 결과 도출된 기업 전략은 위에서 결정하여 하부에 하달하는 톱-다운top-down 형식을 띠게 된다.

그렇지만 '마케팅 전략'은 정반대이다. 시장 바닥에서 소비자의 심리를 잘 읽어야 하는 것이다. 하이트맥주는 10년 뒤, 20년 뒤를 보고 만든 기획 상품이 아니다. 맥주의 성분 중, 물이라는 요소를 새삼 부각시켜 어떤 '한' 소비자의 마음을 흔들었을 때, 그 사람을 흔든 그 요소가 다른 사람의 마음도 흔들고 그 진동이 시장 전체에 파급되어 시장의 구도를 뒤흔든다 하는 것이 마케팅 전략의 원리이다.

그렇기 때문에 사람의 마음을 흔들 요소와 방법을 찾는 마케팅 전략은 철저하게 보텀-업bottom-up이 되어야 한다. 시장에서 멀어진 기업은 마케팅 게임에서 승리할 수 없다. 마케팅 전략가에겐 지금 무엇이 일어나고 있는지를 정확히 알고, 미래에 무슨 일이 일어날지를 예측할 수 있는 능력, 즉 흐름을 탈 수 있는 통찰력이 필수적 요건이다. 그러려면 작은 사실들details까지 손바닥 들여다보듯 잘 알고 있어야 한다. 마케팅 전략가가 시장의 상황들에서 멀어질수록 전략의 성공 가능성은 적어진다.

이처럼 '마케팅 전략'은 전략수립 방법에 있어 '기업 전략'과 큰 차이가 있다. 그럼에도 불구하고 많은 기업에서 마케팅 전략을 수립할 때 기업 전략의 전략형성 과정을 그대로 이용하려는 데서 문제가 발생한다.

한 예로 마케팅 전략을 수립할 때, 기업 전략을 수립하듯이 환경 분석, 내부 분석, 산업 분석, 경쟁 분석, 고객 분석 등 분석에 매달리는 경우를 볼 수 있다.

그런데 마케팅의 성공 사례들을 보면, 이른바 합리적인 분석과정이 반드시 성공을 보장하지는 않는다는 것을 알 수 있다. 그러기에 버나드 쇼는 "진보progress는 불합리한 사람에 의해 이루어진다."고 말하지 않던가.

기발하게 창의적인 아이디어는 상식 수준에서 이해받지 못하곤 한다. 훌륭한 마케팅 전략들은 본질상 비정상적인 면이 있기 때문에, 남을 설득하기가 힘들다. 이런 것들은 대부분의 경영자의 사고방식에는 역행하는 것이다.

상식에서 벗어나라

와인은 오래될수록 좋은 것이라는 상식을 깬 것이 보졸레 누보Beaujolais Nouveau이다. 이 와인은 장기간 잘 숙성된 와인처럼 깊은 맛을 낼 수는 없지만 단기숙성시켜 신선한 포도향이 살아있고, 포도 고유의 떫은 맛도 없는 상쾌한 맛의 와인이다.

매년 그해 가장 먼저 수확한 포도로 만든 보졸레 누보를 전 세계 각지로 신속하게 운송하기 위해 헬리콥터나 경주용 자동차 등 별의별 교통수단들을 이용하는 것 자체가 화제가 되곤 한다. 그리하여 전 세계 사람들이 그 해의 첫 와인을 거의 동시에 함께 맛본다는 개념으로 크게 성공하였다.

보통 경매를 통해 물건을 팔면, 사람들이 원하는 제품을 사기 위해 입찰금액을 점점 올리게 되므로 보다 비싸진 가격에 판매할 수 있다는 점은 누구나 아는 상식이다. 그래서 이베이eBay와 같은 경매 사이트도 출현한 것이다. 그러나 반대로 소비자가 원하는 제품이나 서비스를 가격과 함께 먼저 던져놓으면 공급자가 이 소비자를 잡기 위해

경쟁하는 역경매 방식으로 낮은 가격을 제시하도록 만든 웹사이트가 있다. 바로 프라이스라인닷컴priceline.com이다. 그 기발한 발상을 실현함으로써 그들은 5년간 주가의 아홉배 수익을 얻었다.

'스위스인의 정확함'을 상징하는 것은 시계 산업이었다. 스위스는 한때 세계 손목시계 시장의 80퍼센트나 점유했으나 쿼츠quartz의 등장으로 스위스 시계 산업은 추락하기 시작하였다. 1970년대 중반까지 전 세계 시계의 98퍼센트는 기계식이었으나 10년 뒤에는 24퍼센트로 급감하였다. 스위스 시계의 점유율도 덩달아 13퍼센트로 하락했다.

스위스 시계 산업의 자존심을 다시 살려준 것은 1983년에 등장한 스와치이다. 스와치는 시계란 '시간을 말해주는 기계'라는 상식을 뒤엎은 것이다. 스와치의 콘셉트는 '시간을 말해주는 패션 액세서리'였다. 10년 뒤, 스와치는 시계 산업 역사상 가장 많이 팔리는 시계가 됐다. 1993년 한 해 동안 스와치는 2,900만 개를 팔았다.

동물원에 가면 야생 동물들을 우리에 가둬놓고 보는 것이 상식이다. 간혹은 방목하듯 풀어놓은 동물을 관찰하도록 하는 경우도 없지 않으나, 그렇다고 해도 그들이 어슬렁거리는 모습을 볼 수 있을 뿐이다. 각 동물의 실제 습성을 보는 환경은 쉽지 않다.

일본 홋카이도의 아사히야마旭山 동물원은 '행동 전시' 개념을 도입하여 동물의 습성을 관찰할 수 있는 환경을 만들었다. 예를 들어, 펭귄의 이동속도는 얼마나 될까? 뒤뚱거리는 걸음으로는 시속 2킬로미터도 되지 않을 것 같다. 그러나 이 동물원에는 물속에 유리 통로를 만들어 물에서 40킬로 이상으로 날다시피 수영하는 펭귄을 보게 만든 것이다. "아사히야마에선 펭귄이 날아다닌다."는 소문과 함께 관객이 몰려들었다.

이처럼, 성공한 대다수의 제품은 상식에서 벗어날 때 생긴 아이디어에서 출발하였다. 마케팅 전략은 책상위에서 만들어지지 않는다. 더구나 아이디어의 발상이나 전략의 수립 이상으로 중요한 것이 전략의 집행이다.

전략의 집행은 점증적인 숙성 과정이다

전략의 수립을 서류작업으로 끝내는 기업들을 많이 본다. 그 결과 각종 기법과 용어가 동원되지만 자칫 멋진 보고서를 만드는 것이 목표가 되고 전략의 실행은 뒷전으로 밀리기 일쑤이다. 기획실에서 전략을 수립해 보고서만 던져놓았다면 그것은 휴지조각에 지나지 않는다. 세상에서 가장 성능 좋은 컴퓨터와 모든 숫자와 도표를 다 모았다 하더라도 결국 누군가가 이러한 정보들을 모아 의사결정을 하고 행동으로 옮겨야 하는 것이다.

수천 명을 대상으로 마케팅 조사를 하고, 두툼한 전략기획보고서를 작성하는 회사가 과연 승리의 영광을 차지하는가. 조사와 분석 자체가 해결책은 아니며, 자료들을 대입하면 정답이 나오는 '전략 공식' 같은 것은 있을 수 없다. 만약 널리 신봉되는 그런 마케팅의 법칙이나 공식들이 있다면, 바로 그것을 깨부수는 데 승리의 기회가 있는 것이다.

실행에 있어 전략적 아이디어가 의도한 그대로 실현되는 것은 아니다. 의도하는 전략intended strategy 가운데는 외부적으로 예기치 않았던 일이 발생하거나 내부적으로 저항이 생겨 실현되지 못하는 부분unrealized strategy이 있게 된다.

그래서 의도한 대로 실현되는 완숙된 전략deliberate strategy과 예상치 못한 환경의 변화에 임기응변적으로 대처하기 위해 형성된 우발적 전략emergent strategy이 함께 실현되는 것이다. 제아무리 합리적인 전략을 세심하게 수립하였다 해도 전략이 생각대로만 흘러가지는 않는다.

상대방과 바둑을 두면서 진행될 모든 수를 미리 다 예측할 수 없듯이, 전략을 한꺼번에 다 짜놓을 수는 없다. 이것은 두뇌의 한계이면서 또 과정상의 한계이기도 하다. 우선 중간관리층의 의견이 일치되어야 하고, 일선 집행자들이 전략적 방향을 충분히 이해해야 하며, 때에 따라서는 새로운 인원들을 충원하고 훈련할 시간이 필요한 것이다.

전략은 집행과정을 통해, 발효하듯 천천히 진화한다고 볼 수 있다. 그러므로 좀 더 나은 결과를 가져오기 위해 수없이 많은 하부 전술과 의사결정을 필요로 한다. 좀 더 좋은 전략은 있을지언정 완벽한 전략이란 있을 수 없다. 전략의 집행이란 분명한 시작도 뚜렷한 종지부도 없는 '점증적인 숙성과정'인 것이다.

늘 깨어있어라

기업의 규모가 커지면 유리한 점이 많다. 그런데 기업이 커질수록 시장에서 들어야 할 소비자의 소리가 더 많아지지만, 두터운 관리 계층과 기업 중역들의 자만심이 그들 자신을 시장으로부터 격리시키는데서 문제가 발생하기도 한다.

마케팅 전략은 밑에서부터 계획해 올라갈 때 더 큰 실천적 의의를 갖는다. 전장에서 무슨 일이 일어나는지를 잘 이해하고 그것에 대한 깊은 지식을 가진 장군만이 효과적인 전략을 짤 수 있다. 아프가니스탄에 가보지 않은 장군이 서울에서 아프간 전쟁의 전략을 짤 수 있겠는가?

늘 최전선의 병사들과 소통하라

시장은 고객이 있는 곳이다. 그곳은 또한 경쟁자가 있는 곳이기도 하다. 그래서 전략적 의미에서는 경쟁자와 부딪치는 최전방을 전선front이라고 부른다.

전략담당자들은 전선으로 내려가봐야 한다는 말을 수도 없이 듣는다. 그러나 유능하다고 인정받는 전략담당자일수록 다른 더 중요한 일들 때문에 "가봐야지" 하면서도 직접 전선에 가보지 못한다. 다만, 마치 전선에 나가본 것처럼 상상하여 기획을 하고 전략도 짠다.

GM은 너무 거대하게 성장해서 변화해야 할 시기의 조짐을 망각하게 된 예이다. 1970년대의 오일 쇼크와 1980년대 일본 자동차의 도전 등에도 불구하고, GM은 좋은 품질의 소형차 개발에 큰 관심을 두지 않았었다. 1990년대에는 노사 갈등으로 소비자의 말을 귀담아 들을 여유가 없었다.

"어떤 기업이 꼭대기에 있을 때, 새로운 사고와 변화를 도외시하는 경향이 있다"고 펜실베이니아대학교의 레비니엑Lawrence Hrebiniak 교수는 말한다. 시장에서 1위를 하고 있으므로 별다른 노력 없이 그 자리를 향유하고 싶어 하는 것이다.

영원한 것은 없다

거대 기업들은 중대한 고비를 맞이하고서야 자신들의 오랜 습관을 변화시키기도 한다. 포드는 1980년대 거의 파산 직전까지 갔다가 일선 작업자, 판매자 및 관리자를 모두 포함시키는 팀제를 도입하여 신형 자동차를 최소의 비용으로 개발함으로써 위기를 간신히 회복하였다. 그러한 팀워크의 결과 토러스Taurus를 생산했는데, 이 차는 미국 시장의 대표적인 베스트셀러인 혼다 어코드의 선두 자리를 빼앗았다.

사업을 확장하려고만 노력하는 것은 기업을 성장시키는 좋은 방법은 아니다. 몇몇 거대 기업은 성장에 코가 꿰어 그들의 핵심사업과 거리가 먼 영역까지 사업을 확장함으로써 실패를 경험한다. 시어스Sears 백화점은 1980년대 소매업에서 눈을 돌려 보험, 증권 및 부동산사업에까지 확대하는 모험을 하였다. 시어스가 사업을 다각화하는 사이, 다른 보다 집중화된 소매업자들이 시어스의 점유율을 잠식했다. 예컨대, 월마트는 낮은 가격을 제시해 시장을 장악했고, 노드스트롬은 최고 수준의 대고객 서비스를 각인시켰다.

100년의 역사를 자랑하는 시어스백화점은 몰락의 위기에 처하자 뒤늦게, 보험회사인 올스테이트와 증권회사인 딘 위터, 부동산회사인 콜드웰 뱅커를 매각함으로써 원점으로 돌아가고 있다.

또 어떤 거대 기업들은 그들의 산업 분야에서 정상을 유지하기 위해 보다 더 융통성 있게 운영되는 소기업들처럼 행동함으로써 회생하기도 한다. GE가 좋은 예이다. 1981년 GE 역사상 최연소로 회장에 취임한 잭 웰치는 거대기업 GE를 빠르고 민첩한 기업으로 변모시켰다. 예를 들어, GE에서는 종업원들이 생산에서 포장에 이르기까지 모든 과정에서의 개선을 제안하는 정기회의를 갖는다. 그것은 단지 말로만 끝나는 것이 아니다. 상급자들은 모든 제안에 대해 어떤 식으로든 응답하도록 되어 있다.

잭 웰치의 후임 제프리 이멜트는 보험 등 저성장이 예상되는 사업은 매각하고 생명과학 등 미래 사업을 매입하여 그룹의 사업 포트폴리오를 절반 이상 바꿔놓았다. 심지어 GE의 대표사업이었던 플라스틱 사업조차 원재료 가격 변화가 경영권의 통제 밖이라는 이유로 매각하였다. GE는 끊임없이 미래를 창조함으로써 경쟁력 있는 회사로 계속 탈바꿈해가고 있다.

"영원한 것은 없다."라고 보스턴 경영대학의 라테이프Lataif 학장은 경고한다. "기업들은 모두가 영구히 존속할 것이라고 생각하면서 그 시대를 살아가지만, 오늘날 우리들 중 어느 누구도 불과 50년 전의 미국 50대 기업명을 기억할 수 없다."라고 말한다.

시장의 변화에 대응하지 못하고 끝까지 버티는 데서 오는 위험은 분명하다. 소비자와 멀어지면 미래에 대한 비전을 갖지 못하며, 미래를 통찰하는 비전을 갖지 못하면 현 상태에 그런대로 만족하게 되고, 현 상태에 만족하여 변화하지 않으면 공룡처럼 도태되고 말 것이다.

가끔은 급진적인 변화도 필요하다

우리나라에서 역사가 가장 오랜 기업 중의 하나인 두산은 1990년대 초, 페놀사건이 빌미가 되어 먹고 마시는 소비재 사업에만 치중하여 돈을 번다는 비난을 받아오고 있었다. 엎친 데 덮친 격으로 핵심기업이던 OB맥주가 하이트맥주에게 역전을 당하는 수모를 겪으며 쇠락의 길로 가고 있었다.

그러나 이러한 위기를 전화위복의 기회로 삼아 구조조정의 필요성에 일찍 눈뜨게 되었고, 외환위기를 거쳐 오히려 견실한 기업으로 재탄생하였다. 오늘날의 두산은 중공업, 엔진, 건설 등, 중공업 중심의 그룹으로 변신하여 110년이 넘는 역사 위에 괄목한 만한 성장을 지속해가고 있다.

아이들이 성장할 때 별로 속 썩이지 않고 크기도 하지만, 가끔은 몸이 아파서 병원에 데려가야 할 때도 있다. 그런데 아이들은 아프고 나면 더 쑥 크는 경향이 있다. 사춘기와 같이 정신적인 갈등과 고통을 잘 겪고 나면 어른으로 성장하게 된다.

마찬가지로 기업도 별 문제 없이 점진적으로 성장할 때도 있지만evolutionary growth, 혁명적이다시피 급진적인 성장revolutionary growth을 거쳐야 할 때도 있다.

이런 기간을 잘 소화하면 기업은 건강한 체질로 개선이 되지만, 이런 기간을 피하거나 제대로 겪어내지 못하면 도태되고 만다. 도태되고 실패하는 기업의 사례도 많지만, 급진적인 변신을 통해 성장을 지속하는 사례도 주변에 많다.

제당과 모직사업을 하던 삼성그룹은 삼성전자를 일구어냈다. 직물과 석유공사를 모태로 안이한 경영을 하던 선경은 텔레콤사업에 진출하면서 SK라는 공격적인 그룹이 되었다. 고무 및 목재사업을 하던 노키아Nokia도 전혀 생소한 분야인 통신사업에 진출하여 세계를 주름잡는 기업이 되었다.

레미콘 사업 등으로 안정적인 경영을 해오던 아주그룹이 대우캐피탈 인수를 시작으로 공격적인 경영체제로 변신하였다. 문규영 회장의 말을 들어보자.

"예전에는 기업의 핵심역량을 찾아, 잘하는 것을 더 잘하게 하는데 심혈을 기울였다. 오늘날은 시장의 변화에 따라 뭐든지 공부해가면서 해야 하는 세상이 되었다. 말하자면 '핵심역량'보다 어떤 '사업모델'을 만들어놨느냐가 관건이다. 그래서 이제는 '우리 기업의 업業의 개념이 무엇이냐'라는 식으로 규정짓는 업의 경계가 없어지고 있다. 구태여 업의 개념을 말하자면, 어느 사업이든 '고객 업종'일 뿐이다. 고객이 있는 곳에 사업이 있는 것이다."

마케팅 중심으로 체질을 개선하라

제품의 품질 수준이 거의 평준화되고 차별화가 더욱 어려워지는 시장 상황에서, 기업의 구성원들은 "고객의 니즈를 충족시켜야 한다."는 얘기를 귀에 못이 박히도록 듣는다. 그러면서 여전히 생산부서는 생산성을 높이면 되고, 인사부서는 내부조직을 잘 관리하면 되고, 재무부서는 자금관리를 잘하면 된다고 생각한다.

그러나 21세기의 치열한 경쟁에서 살아남으려면 기업 전체가 마케팅 중심의 체질로 바뀌지 않으면 안 된다. 마치 전투기 몇 대를 띄우기 위해 전부대가 움직이듯이, 고객과 마주하고 경쟁사와 싸워야 하는 일선 판매자 한 사람 한 사람을 전사적으로 지원해야 한다. 기업 전체가 고객의 욕구를 민감하게 받아들이고 경쟁사보다 차별적 우위를 갖도록 체질을 개선하지 않고는 훌륭한 마케팅 전략도 공염불이 되기 십상이다.

그런데 변신의 필요성을 외치면서도 사람들은 본능적으로 변화를 두려워한다는 점을 직시해야 한다. 미지의 세계로 뛰어들기보다 익

숙해진 고통에 안주하려 할 만큼 변화를 싫어한다. 마케팅 체질로 변신하는 것도 운영방식의 변화를 의미하므로 당연히 저항이 예상된다. 그러므로 바뀌어야 된다는 필요성에 대한 교감 없이 구조적 변화만을 꾀하게 되면 실패를 확실히 보장하는 셈이 된다.

마케팅 중심으로의 체질 개선에 성공한 기업에서 공통적으로 발견되는 점은, 개선이 하루아침에 이루어지지 않았으며 일련의 단계적 과정을 거쳤다는 사실이다. 혁신은 단기간에 성취되는 것이 아니라 인내를 가지고 꾸준히 지속적으로 추진해야 하는 것이다.

각각의 단계에서 발생하는 작은 실수는 자칫 전반적인 실패를 자초하게 된다. 하버드대학교의 존 카터John P. Kotter 교수가 지적하는 체질 개선 단계별 유의점을 함께 살펴보자.

• 1단계 : 위기감을 충분히 고조시켜라
새로운 경쟁 위기 혹은 위협적 신기술의 등장, 고객 취향의 변화 등 경쟁과 시장상황의 변화를 재빨리 간파하고, 마케팅 중심의 사고가 회사 전체의 공통인식이 되도록 확산시켜야 한다. 이것이 첫 단계이다.

마케팅 체질로 변환하기 위한 프로그램은 가능한 한 많은 사람의 적극적인 참여를 필요로 하기 때문에 이 첫 단계는 매우 중요하다. 위기와 기회를 같이 파악하고, 이를 토대로 참여의 장에 이끌어내지 못하면 구성원들은 협조하지 않게 되고 체질 개선의 노력도 출발점을 잃고 만다. 기업의 절반이 이 단계에서부터 실패하고 있다.

성공하는 체질 개선의 출발점을 마련하기 위해서는 적어도 관리자 층의 70퍼센트가 현상 유지를 하면 안 된다고 할 정도로 문제를 공개적으로 표출하고 위기감을 조성해야 한다.

사람들에게 변화를 강요한다는 것이 얼마나 어려운 일인지를 과소 평가해서는 안 된다. "분위기를 확산하는 단계는 이 정도면 충분해. 빨리 다음으로 넘어가자."는 식의 조바심은 일을 그르치는 큰 원인이다. 또한 "위기감을 너무 확대하면 임원이나 간부들이 위협을 느껴 방어적인 태도로 나올지 몰라.", "단기적인 경영성과에 피해를 줄 수 있어.", "주가가 떨어질지도 몰라." 등 불안이 앞서는 리더는 마케팅 중심으로 체질을 개선하기 힘들다. 뚝심 있는 리더가 이끌지 못하면 이 첫 단계부터 실패하게 된다.

• 2단계 : 강력한 혁신주도 그룹을 창출하라

마케팅 중심으로 체질을 개선하려면 우두머리의 강력한 지원이 있어야 할 뿐 아니라 변화를 이끌어갈 힘을 갖춘 추진체change agent가 형성되어야 한다. 보통 체질 개선 노력의 초기 단계에는 3~5명 정도에서 시작되는데, 대규모 조직에서는 체질 개선이 본격화되기 전에 20~50명으로 늘어나야 한다.

체질 개선의 추진체는 기존의 위계 틀에서 벗어나 조직될 필요가 있다. 이 그룹이 반드시 모든 고급 간부를 포함할 필요는 없지만, 그

직책이나 정보력, 전문성에서 그리고 평판과 유대 면에서 강력한 힘을 지니고 있어야 한다. 또 마케팅이나 영업을 직접 담당하지 않는 사람들도 포함해야 한다.

이 집단은 현상의 문제점에 대한 위기의식과 목표의식을 공유하면서 자유롭고 공개적인 내부 토론에 임할 수 있는 하나의 태스크 포스팀으로 결속되어야 한다. 관리자 레벨에서 위기에 대한 긴박감이 높을수록 이 같은 추진체의 결성이 용이해진다. 이 집단은 때로는 며칠 혹은 몇 달간씩 통상의 업무에서 손을 떼야 할 필요도 있다.

이 그룹은 체질 개선에 대해 '광신적'이라 할 만큼, 신념이 확실하고 열의에 차 있어야 한다. 강력한 추진세력이 결성되지 못한 채 체질 개선을 추진해도 잠깐의 진전은 나타날 수는 있다. 그러나 이내 개선에 반대하는 힘들이 결속되어 변화를 중단시키고 만다.

• 3단계 : 비전을 제시하라

체질 개선이 성공하려면 추진 주체그룹이 고객과 주주와 종업원들에게 쉽게 전달할 수 있는 미래의 청사진을 개발해야 한다. 비전은 단순히 미래의 목표가 아니다. 비전이란 하나의 새로운 관점이다. 비전은 장기 전략계획에 표현되는 수치 이상의 것으로, 기업이 나아가야 할 방향을 명료하게 보여주는 것이어야 한다.

비전 개발의 첫 단계는 한 개인에서 출발되어도 무방하다. 비전은 처음에는 약간 애매한 것일 수도 있다. 그러나 추진 세력이 가동되어 3개월, 6개월, 12개월이 지나면 철저한 분석과 미래에 대한 꿈이 결합되게 마련이고, 그 비전을 달성할 전략 역시 개발된다.

목표와 추진절차, 방법과 스케줄 등 엄청난 양의 두꺼운 계획서를 세밀하게 마련했다 할지라도, 이 모든 실행계획을 끌고 나갈 방향, 즉 비전이 명확하게 제시되지 않으면 구성원들은 혼란에 빠지기 마련이다. 방대한 계획서가 종업원을 하나로 결속시키고 변화를 성취하는 것이 아니다. 오히려 정반대의 효과가 있다.

1950년대 말, 소련이 미국보다 한발 앞서 우주선을 지구 궤도에 올려놓자 케네디 대통령은 "과학은 곧 국력"이라며 과학 육성에 중점을 둔 새로운 비전을 제시한다. 이어서 그는 "1960년대가 끝나기 전까지 인간을 달에 착륙시키겠다."는 전략적 의지strategic intent를 표명하여, 교육, 국방, 산업 등 모든 정책에 뚜렷한 구심점을 제시하였다.

비전이란 복잡해서는 안 된다. 비전을 5분 이내의 말로 설명하여 듣는 이들의 이해와 흥미를 자아내지 못하면 체질 개선의 세 번째 단계는 아직 완성되지 못한 것이다.

• 4단계 : 충분히 커뮤니케이션하라

모든 변화에는 크고 작은 희생이 따르기 마련이다. 수백 명 혹은 수천 명이 단기적인 희생을 각오하고 기꺼이 체질 개선 과정에 참여하며 헌신하려는 수준에 도달하지 못하면 개선은 불가능하다. 구성원들은 변화가 유익하고 달성가능하다는 믿음이 없으면, 설혹 현재의 상황에 불만이 있다 하더라도 희생을 치르려 하지 않는다. 그러므로 다양한 경로를 통한 충분한 커뮤니케이션을 통해 그들의 마음과 생각을 붙잡을 수 있어야 한다.

비전을 단 한 번의 단합대회를 통해 발표하고 끝내거나 조직의 리더가 일방적인 연설로 설명하는 경우, 대다수의 구성원들은 충분히 이해하지 못할 것이다. 수많은 뉴스레터와 교육 등으로 커뮤니케이션에 많은 노력을 기울였으나 막상 고위 경영간부들이 그 비전과 상반되는 행동을 한 경우, 일선에서는 냉소주의가 팽배하여 체질 개선에 대한 믿음이 점점 약해지고 만다. 커뮤니케이션이란 말과 행동을 포괄하는 것이다. 특히 행동은 가장 강력한 형식의 커뮤니케이션이다. 중요 간부들이야말로 새로운 행동양식을 가르쳐야 할 사람들인데, 그들이 말과 일치하지 않는 행동을 하는 것은 변화를 가로막는 가장 큰 장애물인 것이다.

비전을 상징화하는 것도 좋다. 말로만 제시하는 비전이 아니라 가시화된 상징적 행동도 많은 사람들과의 커뮤니케이션에 도움이 된다.

• 5단계 : 동참자를 확대하라

그러나 추진 주체들의 비전 고취만으로는 부족하다. 변화에 동참하려는 참여자를 확대함에 있어, 장애가 있으면 이를 제거해야 한다. 이러한 장애는 관념적인 것일 수도 있고 현존하는 실제 문제일 수도 있다. 현존하는 장애물이란 조직 구조의 문제라든가 급여보상이나 성과평가제도의 문제 등을 일컫는다.

그러나 최악의 장애는 변화를 거부하고 전반적인 비전에 역행하는 요구를 하는 간부들이다. 이런 간부들의 동기는 매우 다양한데, 개선해봐야 효과가 없을 것이라는 생각을 갖고 있는 경우, 또는 회사의 변화로 인해 개인적인 위기감을 느끼는 경우, 변화와 함께 달성해야 할 목표성과에 대해 겁을 먹는 경우 등이다.

간부들이 혁신 노력의 장애로 떠오르면, 조직구성원들은 제시된 비전이 거짓이라고 결론 내릴 것이며 냉소주의가 자라나 체질개선의 모든 노력은 붕괴되고 만다.

• 6단계 : 단기적 목표를 수립하고 성과를 창출하라

진정한 체질 개선은 오랜 시간이 걸리는 대장정의 과정이다. 만약 단기적인 달성목표가 없다면 사람들이 대장정의 대열에서 이탈해 체질 개선의 노력은 좌절을 맞이할 위험이 있다.

만약 1~2년 내에 변화가 가져다주는 성과를 보지 못하면 대부분의 사람들이 포기하거나 변화를 저지하는 대열에 합류하게 된다. 품질 향상이든, 시장점유율 개선이든 혹은 신제품의 도입이든 간에 변혁의 대장정 중간 중간에 가시적 성과를 보여줄 수 있는 단기적인 성취목표를 수립하고 성과를 입증해야 한다. 첫 해의 판매목표 50억 원은 달성할 수 있을지 모른다. 그러나 공연히 100억 원을 목표로 하여 스스로를 패자로 만들지 말라. 그리고 단기성과에 대한 포상을 실시함으로써 개혁의 과정에 대해 용기를 북돋우고 신뢰를 높일 수 있다. 단기적 목표 성취에 압박을 가하면 긴박감을 지속시킬 수 있다.

• 7단계 : 성급하게 승리를 선언하지 마라

성과를 자축하는 것은 좋은 일이지만 조그마한 성과를 빌미로 성급하게 체질 개선의 성공을 선언하면 실패를 자초하게 된다. 변화가 그 기업의 문화 속에 깊은 뿌리를 내리기까지 5년에서 10년까지의 과정이 필요하다. 그때까지 체질 개선이란 언제라도 짓밟힐 수 있는 여린

싹일 뿐이다.

소비자가 호기심에서 신제품을 살 수도 있기 때문에 시험판매의 결과는 잘못 판단될 수 있다. 그러므로 한 번의 시장조사결과에 연연해서는 안 된다. 제품의 잠재된 가능성에 대해 현실적인 감을 가질 수 있도록 충분히 시험해야 한다.

체질 개선 후 어느 정도 고객 위주의 사고방식으로 전환되었는가 했더니 2년도 채 안 돼 도입되었던 변화들이 점차 자취를 감추고 지금은 다시 전통적인 세력들이 회사를 주도하고 있는 경우가 흔하다.

변화의 선도자들은 명백한 진전의 조짐에 열광한 나머지 성급히 성공이라 결론짓고 전선을 이탈하고 싶어 한다. 그러면 아이러니컬하게도 변화를 중지시키고자 기회를 엿보던 저지자들이 재빨리 이 열광의 대열에 합류한다. 승리의 축하연이 끝나고 나면 지친 병사들 역시 자신들의 승리를 믿고 싶어 한다. 일단 고향으로 돌아온 병사들은 체질 개선의 전선에 다시 복귀하기를 망설인다. 그러고 나면 변화는 정지되고 낡은 전통이 다시 고개를 치켜든다.

혁신을 성공적으로 이끈 리더들은 승리를 선언하는 대신 단기적인 성공으로 얻은 신뢰를 활용하여 보다 큰 문제에 도전한다. 그들은 혁신이 몇 개월의 과업이 아니고 수년에 걸친 과업이란 점을 잘 알고 있다. 일반적으로 체질 개선의 가시적인 첫 성과는 3년이 지나야 얻을 수 있으며, 체질 개선의 정점에는 5년이 되어야 도달할 수 있다.

7단계에서는 직원들에게 생기기 시작한 믿음을 활용하여, 마케팅 체질에 맞지 않는 체제, 조직구조, 정책 등을 변혁해야 한다. 또한 비전을 실행할 수 있는 사람들의 윤곽이 드러나면, 이들을 승진시키거나 육성해야 한다. 그리하여 새로운 프로젝트, 테마 등으로 체질개선의 과정에 계속 활력을 주어야 한다.

실패했을 경우 경영자들은 대체로 실패를 빨리 잊으려고만 한다. 그래서는 안 된다. 뭐가 잘못되었는지 체계적, 공식적으로 뒤돌아보고 배운 바를 다음 제품에 잘 활용해야 한다. 실패에서 뭔가 배운 사람에게는 포상하라.

• 8단계 : 기업문화에 뿌리를 내려라

변화는 기업의 혈맥에 스며들어 일상의 습성으로 자리 잡아야 한다. 변화를 기업문화 속에 제도화시키기 위해서는 조직원들에게 새로운 접근법, 새로운 태도, 새로운 행동이 어떻게 성과를 향상시키는지를 보여주도록 노력해야 한다. 그렇지 않으면 성과를 변화와 연결시켜 해석하지 않고, 리더의 개인적 카리스마의 결과로 오해하는 등 엉뚱한 해석을 하게 된다. 사람들이 혁신과 그 성과의 인과관계를 정확히 알도록 하는 홍보, 광고 등 커뮤니케이션 노력도 필요하다.

가끔은 도약이 필요하다

기업이나 국가나 순탄한 발전evolutionary growth만을 기대할 수는 없다. 때로는 혁신적 발전revolutionary growth이 필요한데, 항상 진통이 따르게 마련이다. 구성원의 마인드가 변화해야 하고 체질이 변화해야 하기 때문이다.

그러나 겨울이 되어 나이테가 생기듯 이러한 진통은 기업이 건실하게 성장함에 있어 필연적인 과정이다. 환경의 변화에 맞추어 적절

히 변신하지 못한다면, 얼어 죽는 나무처럼 기업이나 국가는 더 이상
의 성장을 멈추게 될 것이다.

칼날이 아니라 **칼자루를 잡아라**

미네통카Minnetonka의 로버트 테일러Robert Taylor 사장은 펌프로 짜서 쓸 수 있는 물비누 소프트숍Softsoap을 처음 개발해냈다. 그런데 그 정도 아이디어로는 특허를 받을 수 없었기 때문에 P&G 등 대기업이 이를 모방하여 시장에 밀고 들어올 경우 대책이 없었다.

그때 테일러는 비누 자체보다도 플라스틱 펌프용기의 제작이 쉽지 않음을 알아냈다. 그 기술과 생산시설을 갖추고 있는 기업은 전국에 두 곳밖에 없었던 것이다. 테일러는 도박을 한다는 생각으로, 두 회사에 1억 개의 용기를 주문했다. 그것은 1년에서 1년 반 동안 쓸 수 있는 생산량(단가가 12센트이므로 1,200만 달러어치)이었다.

나중에 대기업들도 물비누에 관심을 갖게 되었지만, 소프트숍은 다른 기업보다 12~18개월 앞서나갈 수 있었기에 소비자의 상표 충성도를 확립하고 시장의 선두가 되었다. 동일한 자원(1,200만 달러어치의 주문)을 사용하더라도 어떻게 사용하느냐(두 제조기업의 생산량을 모두 선점)에 따라 가치가 달라짐을 알 수 있다.

전략적 관점에서 보면 "우리 기업이 가진 자원이 무엇이냐" 보다, "우리 자원에 얼마나 가치를 부가시킬 수 있느냐"가 더 중요한 고려 사항이다. 즉, 누가 칼자루를 잡아 주도권initiative을 쥐느냐에 따라 동일한 자원의 가치를 높일 수 있다.

이해를 돕기 위해 영수와 열 명의 친구들이 수업시간에 바둑돌을 가지고 하는 게임을 예로 들어보자.

영수는 흰 돌을 10개 가지고 있고, 다른 열 명의 학생들은 각각 검은 돌 하나씩을 가지고 있다. 누구든지 흰 돌과 검은 돌을 짝지어 가지고 오면 선생님이 10만 원의 상금을 주기로 했다. 따라서 학생들은 모두 100만 원의 상금을 받을 수 있다. 그렇다면, 영수와 학생들 간에 어떤 거래가 진행될까?

아마도 영수가 각 학생들로부터 검은 돌을 하나에 5만 원에 사든지, 아니면 자기의 흰 돌을 하나에 5만 원씩 받고 팔 것이다. 여하튼 영수가 받을 수 있는 상금은 50만 원이 된다. 당연한 얘기다. 그런데 영수가 상금을 더 받을 수는 없을까?

영수가 학생들이 보는 앞에서 두 개의 흰 돌을 깨버린다고 치자. 그러면 전체의 상금은 80만 원으로 줄어든다. 하지만 영수의 협상력은 강화된다. 이제 두 명은 한 푼도 건지지 못하게 되므로, 영수가 부르는 값으로 팔 수밖에 없기 때문에 주도권을 영수가 갖게 된다. 이와 같이, 누가 칼자루를 잡게 되느냐에 따라 각자가 가진 자원의 가치가 달라지는 것을 알 수 있다.

주도권의 전략적 사용을 고민하라

컴퓨터 게임기 닌텐도가 처음 나왔을 때, 대형 소매점(주로 토이저러스Toys 'R' Us와 월마트)에 집중하여 유통을 시작하였다. 그런데 미국 시장이 생소한 일본의 한 작은 회사가 어떻게 대형 소매점과의 게임에서 칼자루를 잡을 수 있었을까.

닌텐도는 영수가 바둑돌을 깨듯, 일부러 대형소매점의 주문을 다 충족시키지 않았다. 4,500만 대를 소화할 수 있는 시장에 3,300만 대만을 공급하였다. 판매기회를 놓친 것으로 볼 수도 있지만, 중요한 것은 대형소매점과의 협상력에 있어 우위를 점하게 되었다는 점이다.

각 상점마다 고객이 구매예약을 하고, 닌텐도 기계가 오기만을 기다리게 만듦으로써 닌텐도가 칼자루를 잡게 된 것이다. 그 결과 닌텐도는 대형소매점으로 하여금 경쟁사의 게임기를 취급하지 못하도록 압력을 넣을 수 있었다.

게임팩의 개발에서도 마찬가지였다. 보안칩을 기계에 장치하였기 때문에, 외부의 게임팩 개발업자는 허가를 받아야 이 칩의 암호를 사용할 수 있었다. 그런데 닌텐도는 허가업체의 수를 제한했고, 게임 개발업체들은 닌텐도의 눈치를 보지 않을 수 없었다. 게임팩에서 또한 닌텐도는 칼자루를 쥔 것이다.

그렇게 해서 닌텐도는 게임 개발업체들이 경쟁하는 게임기회사를 위해 소프트웨어를 개발하지 못하도록 압력을 넣을 수 있었다. 가장 좋은 게임팩들을 가진 닌텐도와 경쟁사와의 거리가 더 벌어진 것은 당연하다.

이와 같이 마케팅 전쟁에서는 자원의 우열보다 자원을 어떻게 전략적으로 사용하느냐 하는 점이 더 중요한 변수가 된다.

외환위기가 아직 채 가시기도 전인 1999년, 오리온그룹이 코엑스에 400억 원이 넘는 자금을 투자하여 메가박스라는 영화관을 만들 때, 과연 투자성과가 있을지 많은 사람들이 반신반의하였다. 그 후 영화관의 가치는 날로 상승하여 2007년에 10배가 넘는 금액으로 호주 자본인 메쿼리 펀드에 매각하였다. 그러나 사람들이 이번에는 캐쉬카우 역할을 하고 있는 영화관을 왜 더 유지하지 않고 판매할까 의아해했다.

이에 대해 오리온그룹의 이화경 사장은 "영화 사업에는 나의 통제권이 100퍼센트 있지 않기에 판매한다."고 대답했다. 영화란 제품의 품질이 통제되지 않고 배급에 대한 통제권도 좌지우지 할 수 없는 상황에서, 칼자루를 잡을 수 없는 경영은 하지 않겠다는 의미로 해석된다. 당장의 이익보다는 경영상의 주도권을 갖는 것이 훨씬 더 중요함을 보여준다.

시장조사를 너무 **믿지 마라**

유능한 조사기관에 소비자 조사를 의뢰하는 것이 고객의 욕구를 파악하는 한 가지 방법이 될 수는 있다. 그러나 적어도 4~6개월이 걸리는 소비자 조사를 통해 나오는 분석결과는 객관적인 사실을 어느 정도 알려줄지는 모르지만 통찰력insight까지 제공해주지는 않는다. 그래서 복잡한 숫자가 나열되고 현란한 통계기법이 동원되고도 마케팅 관리자가 기대하던 묘책까지 제시하지는 못하는 것이다.

말과 행동이 반드시 일치하는 것은 아니다

소비자의 마음을 읽는 데 있어서의 정확성은 설문 내용what to ask이 사람들의 실제 마음을 읽어낼 수 있는가에 달려 있다. 설문의 질문 내용은 현재 당면한 문제에 깊이 몰입할 수 있는 열정과 질문기법을 모두 갖추어야 하는데, 일이 많은 유명한 조사기관일수록 문제의 본질에 접근하지 못하고, 상투적인 질문 수준에 머무는 것은 안타까운 일이다.

한 여성 잡지사 기획실장의 말이 눈길을 끈다. 그에 따르면, 우리나라 여성들은 말로는 기존 여성잡지들이 섹스, 스캔들, 루머 등만을 너무 많이 다룬다고 비난하면서도 실제로는 그런 내용의 잡지를 더 잘 사보더라는 것이다.

그 잡지사는 창간을 앞두고 철저한 시장조사를 했다고 한다. 그들이 실시한 설문조사의 결과를 보면 주부들은 낯 뜨거운 섹스 이야기나 루머 일색의 잡지에 식상해 있어서 유익한 정보만을 전해주는 잡지가 나오는 경우 95퍼센트 이상이 구독하겠노라 했다는 것이다. 그 잡지사는 자신 있게 무섹스, 무스캔들, 무루머 의 3무三無 정책을 표방하고 창간에 나섰다. 그런데, 독자의 바람에 맞추어 만들어진 잡지가 창간 몇 호를 넘기지 못하고 독자의 외면 속에 사라져버리고 말았다.

마케터로 하여금 시장조사의 유용성을 한번쯤 생각해보게 만드는 사례이다. 소비자의 심리를 연구하는 목적이 소비자가 행동을 취하기 전에 그 의향을 미리 알아내어 행동을 예측하려는 데 있는데, 소비자의 말이 그들의 행동을 예시하는 것이 아니라면 안타까운 노릇이다. 과연 사람들의 행동은 말과 일치하지 않는 것일까?

바람직한 행동을 하는 사람으로 보이려 한다

언행불일치에 관한 연구 조사는 지금으로부터 약 70여 년 전, 라피에르LaPiere가 행한 고전적인 연구(Attitude-behavior Consistency, 1934)로까지 거슬러 올라간다.

라피에르는 1930년대 초 중국인 부부와 함께 미국 전역을 여행하면서, 66개의 호텔과 184개의 음식점에 들렀다. 그 당시 미국에 사는 중국인들은 주로 철도 공사판에서 일하거나 남의 종살이를 하였으므로 중국인에 대한 백인의 인종차별은 극심하였다.

백인이 쓰는 방을 쓴다거나 음식점에서 백인의 시중을 받는다는 것은 상상도 못할 일이었다. 그럼에도 그 중국인 부부가 쫓겨난 적은 오직 한번 뿐이었다. 여행에서 돌아온 후, 라피에르는 그들이 갔었던 호텔과 음식점을 대상으로 중국인 손님을 받느냐고 묻는 설문지를 보내보았다.

128개의 설문지가 회수되었는데, 그 중 92퍼센트가 중국인 손님을 받지 않겠다는 대답이었다. 이 조사는 사람들이 말로는 중국인을 받지 않겠다고 하지만, 정작 중국인 손님이 오면 차마 내쫓지 못한다는 것을 보여준다. 그 후에 이어진 수많은 유사 연구에서도 말과 행동 사이에는 큰 차이가 있는 것이 입증되었다.

사람들은 적어도 겉으로는 사회적으로 바람직한 행동을 하는 게 좋다고 말한다. 실제 행동은 그렇지 않더라도 말이다. 남을 위해 헌혈을 하는 것이 좋은 일이냐고 물으면 누구나 그렇다고 말할 것이다. 하지만 헌혈 요구에 응하는 사람은 극소수이다. 말로는 교통법규를 잘 지켜야 한다고 하지만 교통법규를 원칙대로 따르지 않는 운전자가 적지 않다.

이 밖에도 독서를 얼마나 자주 하겠느냐, 투표를 할 것이냐 같은 바람직한 행동에 대한 대답들이 반드시 실제 행동에 연결된다고 보기 어렵다. 마찬가지로 건전한 잡지를 만든다는데 반대할 사람은 없을 것이다. 그렇다고 그들이 반드시 그러한 잡지를 구독하리라 기대할 수는 없다.

잠재의식을 파악하라

사람들이 표면적으로는 바람직한 행동을 해야 한다고 말하면서도 이를 실행하지 못하는 이유를 파악하기 위해 프로이트의 이론을 잠시 살펴보자.

그는 인간의 성격이 원본능(이드, id), 자아(에고, ego), 초자아(슈퍼 에고, superego)의 세 가지 요소로 구성되었다고 하였다. 원본능은 성적, 공격적 본능을 나타내는 것으로 고통을 피하고 즐거움을 얻으려는 욕구이다. 그러나 이러한 쾌락적 욕구만을 충족시키며 살 수 없으므로 현실을 고려하는 능력, 즉 자아를 키우게 된다. 한 걸음 더 나아가 현실적인 제약이 없는 경우에도 양심적, 도덕적 동기인 초자아가 있어 행동을 통제하게 된다.

프로이트는 인간의 마음을 빙산에 비유했다. 9할이 물속에 잠기고 1할만이 드러난다는 빙산과 같이 사람들도 생각과 행동에 영향을 주는 대부분의 충동과 본능을 마음속 깊은 곳에 감춘 채 극히 일부만을 행동으로 표출한다고 보았다. 따라서 겉으로는 도덕적 양심에 따라 좋은 일을 해야 한다고 말하지만 그들의 잠재의식 속에는 즐거움에 대한 쾌락추구의 본능이 있다는 것이다.

그렇다면, 설문에 답할 때는 초자아가 작용하여 건전한 잡지가 나왔으면 좋겠다고 하였지만, 실상 책을 살 때는 다른 사람들의 스캔들을 캐는 통속적인 얘기를 더 재미있어 하는 원본능이 발동한 것은 아니었을까.

한편, 자아란 현실적 원칙에 입각한 것으로 사회적 룰을 따르려는 본능이다. 어떤 사람이 자동차를 구입하려 한다고 하자. 설령 그가 자신이 제일 좋아하는 차를 구매할 능력이 있다손 치더라도 그것이 상사의 차보다 더 좋다면 그 차의 구매를 피하게 된다. 그 직장, 그 직급의 사람이 탈만한 차의 기준, 즉 보이지 않는 룰이라는 것이 있기 때문이다.

습관이나 상황 때문에 자신의 말을 행동으로 옮기지 않는 경우도 있다. 습관은 각 개인의 과거 경험으로부터 생겨난 행동경향이다. 어떤 행동이 습관화되면 의사결정이 매우 편해지므로 사람들은 한 번 형성된 습관을 잘 바꾸려 하지 않는다. 그래서 신제품에 대한 구매의사를 물으면 꼭 사겠다고 응답할지라도, 막상 구매시점에서는 사던 물건을 습관적으로 구매하곤 한다.

상황적 이유 또한 무시하지 못할 문제이다. 어떤 제품을 구매하려는 생각이 있어도 그렇게 할 수 없을 때가 많다. 예컨대 어떤 제품에 대해 진정으로 좋게 생각하고 사겠다고 말했다손 치더라도, 상점에 재고가 떨어졌거나 아직 입점이 안 된 경우 구매에 이르지 못하는 것이다.

이유야 어쨌든 응답자가 좋아한다고 답하는 브랜드가 그들이 실제 구매하는 브랜드와 일치하지 않는 경우가 비일비재하다. 어쩌면 시장조사의 결과가 소비자의 구매행동을 반영하지 못하는 것으로 비춰지는 것이 당연한지도 모른다.

설문지 수거방법에서도 오류가 생긴다

소비자의 태도와 행동에 대한 진실된 응답true response을 얻는 데 있어 설문지 수거과정에서도 오류가 발생할 소지도 많다. 조사연구 대상의 총집합을 모집단universe이라 한다. 예를 들어, 성동구민이라든지, 취업주부 등이 되겠다.

그런데 조사자가 모집단의 명단과 연락처를 모두 완벽하게 갖고 있는 경우는 거의 없다. 그러므로 실제 사용할 수 있는 조사대상 목록인 표본 프레임frame을 근거로 조사를 하게 된다. 이때 모집단에 속하는 소비자 중 일부가 프레임에 포함되지 않는 불포함 오류frame error가 발생한다. 예컨대, 전화번호부라는 프레임을 이용하여 성동구민universe을 조사할 때, 어떤 일정한 특성을 가진 사람들(예를 들어, 자기 이름을 전화번호부에 등재하기 싫어하거나 이사를 자주 다니는 사람들)이 조사대상에서 일률적으로 제외되면 불포함 오류는 조사결과에 중대한 영향을 미칠 수 있다.

또한, 조사대상 목록인 프레임을 전부 조사하기 힘들므로 그 일부만을 표본sample으로 추출하여 조사한다. 표본이란 실제로 조사할 대상으로서 프레임의 극히 일부에 불과하다. 이 표본은 프레임을 대표할 수 있도록 선정되어야 하는데, 실제로는 기술상의 문제로 완전한 대표성을 갖기 힘들다. 여기서 연유하는 문제를 표본 추출 오류sampling error라 한다.

한편, 완벽한 표본을 선정했다 해도 그들 모두에게서 응답을 얻어낼 수 있는 것은 아니다. 이처럼, 응답하지 않는 사람들 때문에 생기

는 오류를 무응답 오류non-response error라 하는데, 특히 누락된 조사대
상자가 공통적인 특징을 갖는다면 문제가 발생한다. 예컨대, 주부들
을 대상으로 상품김치 구매행태 조사를 한다면, 활동적이어서 외출
이 잦은 사람이나 취업 주부에게는 응답을 받기 힘들어 누락되기 쉬
운데, 그들이야말로 상품김치 구매에 대해 정확한 의견을 내줄 수 있
는 사람들인 것이다.

또 응답을 했다 하더라도, 그 대답이 조사대상자의 마음을 제대로
잘 표현한 진실한 응답true response이라고만 볼 수 없다. 응답자가 일
부러 극단적인 대답을 하기도 하고, 사적私的인 질문에 대해 거짓말을
할 수도 있기 때문이다. 또한 조사자가 잘못 알아듣거나 응답이 잘못
기입되는 경우도 있는데, 이러한 오류들을 일컬어 응답 오류response
error라 한다.

위에서 지적한 바와 같이 설문조사를 통해 소비자의 마음을 읽는
데 있어 오류가 발생할 가능성은 다분하다. 설령 오류를 최소한으로
줄였다고 해도, 조사기간 때문에 시의적절한 의사결정을 하지 못할
수도 있고, 과다한 조사비용이 부담이 될 수도 있다.

결과의 해석이 중요하다

이 글은 시장조사를 하지 말라는 주장이 결코 아니다. 오히려 조사

결과에 너무 의지하려다가 결과에 대한 실망감으로 시장조사 무용론을 외치는 사람들에게 대한 경종이다.

조사는 반드시 필요하다. 조사를 하지 않고 직감에 의존하는 것은 헤드라이트를 켜지 않고 밤길을 달리는 것과 같다. 다만 헤드라이트를 켰다고 해서 대낮과 같기를 기대하지 말라는 의미이며, 조사의 활용에 있어 유의해야 할 점을 설명한 것이다.

이제 정성껏 준비한 설문지로 주의 깊게 자료data를 수집했다고 하자. 이를 통계적으로 분석analysis하는 것은 그다지 어렵지 않다. 그보다 훨씬 더 중요한 것은 그 분석 결과의 해석interpretation이다.

통계적 분석 결과의 해석에는 소비자의 심리에 대한 '통찰력'과 사안에 몰입하는 사람만이 가질 수 있는 '혜안'이 필요하다. 그것은 조사기관이 대신 해줄 수 없는 마케터의 몫이다.

니즈는 잊어라 **원츠**를 **자극**하라

20세기 마케팅의 핵심 용어key word가 '니즈needs'였다면, 21세기 마케팅의 핵심은 '원츠wants'로 바뀌었다. 오늘날 마케팅 활동에 있어, 이 용어들을 명확하게 구별하는 일은 대단히 중요하다.

니즈는 '필요' 또는 '욕구'라고 해석돼왔다. 말하자면 꼭 필요한 것을 가지려는 욕구라는 의미다. 반면 원츠는 기본적 욕구에 지장을 받지 않는, 즉 없어도 되는 것이라고도 볼 수 있다. 이제 마케팅은 니즈 충족의 경쟁을 벗어나 원츠를 자극하는 아이디어 게임으로 변해가고 있다.

니즈와 원츠를 구별하라

두 용어의 차이를 더 쉽게 이해하려면, 니즈는 기능적 필요functional needs의 약자이고, 원츠는 심리적 욕망mental wants의 줄임말이라는 점에 주목하기 바란다.

남자들은 왜 넥타이를 매는 걸까. 다시 말해 넥타이의 기능은 무엇일까. 추워서 매는 것도 아니고, 볼록 나온 배를 가리려는 뜻도 아니다. 실상 넥타이 자체의 기능적 필요는 없는 거나 마찬가지다. 다만 사회적 지위를 드러내고 자신의 개성을 표현하려는 심리적 욕망이 있을 뿐이다.

여기에 중요한 포인트가 있다. '기능적 필요'로만 보면 수요와 가격에 한계가 생기지만, '심리적 욕망'의 관점에서 보면 수요나 가격의 한계가 사라진다는 점이다. 고전 경제학에서 말하는 '한계효용 체감의 법칙'이 더 이상 적용되지 않는다는 말이다.

사람들은 넥타이를 몇 개나 가지고 있을까. 아마 적어도 열 개 이상은 될 것이다. 그런데 가령 넥타이를 또 선물로 받는다면 한계효용 체감의 법칙에 따라 만족도가 떨어질까? 아니다. 새로 받은 넥타이가 아주 멋지다면, 이미 가지고 있는 넥타이의 숫자와 상관없이 매우 만족할 것이다. 이처럼 심리적 욕망을 자극하면 수요의 제한이 없어진다.

그래서 수요가 포화상태에 이르렀다는 말은 더 이상 통하지 않는다. 사람들은 핸드폰이 고장 나지 않았는데도 아이폰4나 갤럭시S 등 새로운 기종이 나오면 비싼 값을 치르고서라도 바꾸려 한다.

인구 숫자와 니즈를 중심으로 잠재수요를 예측하는 시대는 지나갔다. 원츠의 세상에서는 수요를 얼마든지 창출할 수 있기 때문이다.

욕망을 자극하면 가격의 한계도 없어진다. 노키아의 최고급 핸드폰 브랜드 버투Vertu는 MP3나 디지털카메라가 내장되어 있지 않은 채 단순한 기능만 있다. 그러나 고급스러운 소재에 디자인도 세련되어 누구라도 갖고 싶은 생각이 든다. 버투는 3만 2,000달러를 호가하지만, 중동이나 동남아지역에서는 선망의 대상이 되어 있다.

니즈만을 생각하면 매출이 답답해지고 아이디어가 안 떠오른다. 이른바 레드오션이다. 그러나 원츠의 세상으로 눈을 돌리면 블루오션이 펼쳐진다.

내재되어 있는 심리적 욕망들을 자극하라

선글라스의 기능은 태양으로부터 눈을 보호하는 것이다. 그런데 멋쟁이들은 햇빛이 없는 실내에서도 선글라스를 낀다. 그리고 막상 햇빛 아래에서는 선글라스를 머리 위에 쓰곤 한다. 말하자면, 햇빛으로부터 눈을 보호한다는 선글라스의 기능 때문에만 착용하는 것이 아니다. 원래의 필요needs보다 자기의 개성을 나타내기 위한 욕망wants이 더 크게 작용한다. 그래서 사람들은 선글라스를 여러 개 가지고 있어도 멋진 선글라스를 보면 또 사고 싶어 한다.

미국의 베스트셀러 중에 『Why People Buy Things They Don't Need』라는 책이 있다. 즉 사람들은 앤티크 가구나 크리스틸 컵처럼 꼭 필요하지도 않은 물건들을 왜 사려는 걸까라는 질문이다. 그 대답을 한마디로 요약하자면 '그들이 원하기 때문Because they want'이다. 꼭 필요하지 않아도, 뭔가 마음이 원하도록 자극하면 수요가 생긴다는 말이다.

아들 녀석이 졸라대서 어른의 구두보다도 비싼 24만 원짜리 나이키 농구화를 사준 적이 있다. 비싼 나이키 신발을 신는다고 점프가 두드러지게 잘되거나 슛이 더 정확해지는 것은 아니다. 다만 친구들과 농구 코트에 들어섰을 때 나이키를 신어야 주눅이 들지 않는 것이다. 이처럼 브랜드는 그것을 사용하는 사람들로 하여금 '소속감'이라는 원츠를 충족하도록 해준다. 같은 브랜드를 쓰는 사람들끼리 마음속에 암묵적으로 생기는 소속감은 브랜드에 대한 호감도를 높인다.

값비싼 명품시계 중에는 숫자판에 '수백 미터 물속에서도 방수가 된다'고 쓰인 제품이 있다. 그러나 인간은 50미터도 잠수하기 힘들다. 그러니 명품시계를 차고 바닷 속 수백 미터까지 들어갈 일은 절대로 없다. 그런데 이 방수기능 때문에 가격이 무척이나 비싸다. 왜 쓸데없는 기능 때문에 가격을 더 치르려고 할까? 그냥 기분이 좋아서다. '자기만족'의 욕망이 충족되는 것이다.

수십만 원짜리 명품 볼펜이라고 '볼펜 똥'이 안 나오는 것은 아니다. 그런데 똥 나오는 볼펜을 사람들은 왜 비싼 돈을 주고 사가는 걸까. 거꾸로, 똥이 나오는 볼펜을 어떻게 하면 수십만 원을 받고 팔 수 있을까.

그렇게 비싼 볼펜을 자기가 쓰려고 구매하는 사람은 별로 없다. 대부분 선물용으로 사는 것이다. 선물을 줌으로써, 즉 남을 기쁘게 함으로써 얻게 되는 '즐거움을 누리려는 욕망', 그것은 이미 기능의 문제가 아니다.

니즈의 관점에서만 생각하면 답이 나오지 않는다. 사람들의 마음속에는 개성을 표현하려는 욕망, 소속감을 느끼고자 하는 욕망, 자기만족을 얻으려는 욕망, 기쁨을 나누고자 하는 욕망 등, 수많은 심리적 욕망이 내재되어 있다. 그 욕망을 자극하는 원츠의 관점에서 바라보면 수요와 가격의 제한이 없어진다. 시장을 끝없이 넓혀갈 수 있는 블루오션이 여기에 자리하고 있다.

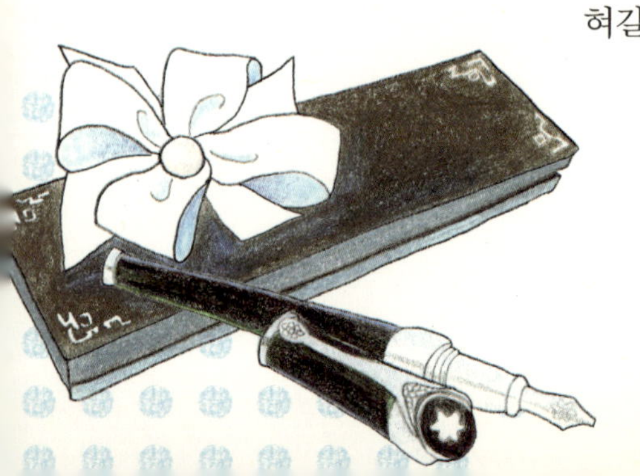

나의 가치를 높이기 위한 시크릿 코드

PART 4

개인 이미지를 관리하라

자신이 어떻게 인식되는지 파악하라

감정의 전달도 관리하라

후광반사 효과를 활용하라

소유물로 나를 표현하라

남성성 혹은 여성성을 잘 표현하라

능력을 요령껏 과시하라

리더의 이미지를 만들어가라

상대방과의 유사점을 찾아내라

적극적으로 자신을 표현하라

SECRET CODE of MARKETING

개인 **이미지를 관리**하라

입학시험 면접을 하면서 안타까운 적이 많다. 수험생들이 자신의 가치를 잘 설명하지 못하거나, 기회를 주어도 주저하면서 자기표현을 제대로 하지 못하는 경우가 많기 때문이다. 비단 입학시험에서만 그런 것은 아닐 것 같다. 사람들은 무엇을 하든 타인으로부터 긍정적인 인식을 얻고 싶어 하면서도, 실제로 이미지 관리image management에 대한 관심이나 지식은 별로 없다.

누구나 이미지 관리는 하고 있다

정도의 차이는 있지만 누구나 이미지 관리를 한다. 자기표현self presentation 행동들은 의식적으로 수행되기도 하지만, 어떤 경우에는 자신이 왜 이렇게 행동하는지를 전혀 알지 못하는 수도 있다. 그런데 자신이 이미지 관리를 하는 줄도 모르고 이미지 관리를 하다보면, 자칫 자신마저 속이게 된다. 그저 좋은 인상을 남기기 위해 엉겁결에 어떤 행동이든 하긴 하지만, 장기적으로 이미지 관리를 어떻게 해야 할지 잘 생각해볼 필요가 있다.

인간이 나 혼자 산다면 이미지 관리를 할 필요가 없지만 남과 함께 살아가기 위해서는 덕이 있는 것처럼 보이거나 좋은 이미지를 주는 것이 중요하다. 본능적으로 남에게 자신을 표현하는 이미지 관리나 처세에 뛰어난 사람들도 있지만 공자 말씀 등 옛 성현의 말씀을 되새기는 것이 덕을 쌓고 남과 어울려 살아가는 데 도움이 되듯, 이미지 관리에 관한 원리를 이해하는 것은 사회생활에 있어 무척 중요하다.

좋은 인품은 이미지 관리의 필요조건이다

이미지 관리를 허구의 이미지를 만드는 작업으로 잘못 이해하는 경우가 드물지 않다. 진실을 가린 채 이미지만 좋게 만드는 것은 단기적인 속임수에 불과하다. 이미지 관리를 적절히 눈가림하여 남들을 기만하는 것으로 여긴다면 오히려 부작용이 클 것이다.

정치인만큼 내비치는 이미지에 신경 쓰는 사람들도 많지 않을 것이다. 그렇지만 속은 차지 않았는데 겉만 번지르르한 정치인들을 우리는 수없이 봐왔다. 애국심을 부르짖으면서도 그저 이미지 눈가림을 통해 어떻게 해서든 표를 얻어 집권하려는 정치인들을 보면서 눈살을 찌푸리고 이미지 관리에 대해 부정적인 인식을 갖게 된 것도 사실이다.

기업에서도 상사에게 좋은 인상을 남기고 남에게 좋은 사람이라는 얘기를 듣고자 곧이곧대로 말하기보다 돌려서 얘기하는 등 서툴게 이미지 관리를 시도하는 순간, 벌써 왜곡된 커뮤니케이션이 시작되는 것을 보게 된다. 사람들에게 "나는 좋은 사람입니다."라는 이미지를 주고 관리하고 싶어서, 오히려 비겁해지는 경우도 비일비재한 것이다.

심지어 신앙생활에서조차 표면적인 이미지 관리를 하는 모습을 보게 된다. 교회에서 담임목사가 출장 등으로 주일예배를 인도하지 않는 날에는 출석률이 감소하는 것을 볼 수 있다. 도대체 하나님에게 예배 보러가는 건지, 목사님께 눈도장을 찍으러가는 건지 모를 교인들도 있다.

이미지 관리란 마음속에 바라는 자기를 완성해나가는 과정으로 인식해야지, 눈앞의 이득을 위해 눈속임을 하는 것으로 여겨서는 안 될 일이다. 올바른 이미지 관리를 위해서는 우선 자신이 바라는 인격의 완성을 위해 내면적인 면을 갈고 닦아야 함은 물론이다. 좋은 인품은 이미지 관리의 '필요조건'이다.

그러나 좋은 인품만으로 좋은 이미지가 만들어지지 않는다

그런데 많은 사람들이 좋은 인품을 가지고 바르게 살면 이미지도 좋으리라고 막연히 생각한다. 이렇게 생각하는 것은 언젠가는 진실이 밝혀질 것이라고 가정하기 때문이다. 즉 좋은 인품을 갖추고 있다면 언젠가는 그것이 다른 사람들에게 알려지고 받아들여진다고 믿는 것이다. 그러나 그럴 수도 있고 아닐 수도 있다. 이미지는 나름대로 관리할 필요가 있는 것이다.

입학시험의 면접에서 공부 잘하는 모범생일수록 가만히 있어도 자기를 알아봐줄 것이라고 막연히 기대하는 모습을 보면 안타깝다. 자신이 바르고 좋은 사람이기만 하면 언젠가는 다른 사람들이 알아주리라는 환상에 빠지지 말아야 한다. 요즘은 '자기PR 시대'라는 말을 한다. 냉소적인 의미를 내포하고는 있지만, 적절한 자기표현이 필요하다는 것을 암시하는 말도 된다.

좋은 인품과 자격이 성공적인 삶의 필요조건이라면, 올바른 이미지 관리는 '충분조건'이다. 아무리 진실된 정보라도 상대방에게 무미건조하게 전달된다면, 주목받지 못할 것이다. 이것이야말로 소위 선량하고 성실하다는 사람들이 마음에 새겨두어야 할 점이다.

이미지 관리의 원리를 이해해야 남도 돕는다

이미지 관리의 원리를 이해하는 것이 나에게만 도움이 되는가. 그렇지 않다. 상대방이 이미지를 관리하려고 할 때, 그것을 부정적으로 보지 말고 상대방의 자존심을 지켜주면서 이미지 관리를 도와준다면 상대방은 내심 감사하며 나에게도 호감을 가질 것이다.

사춘기 청소년이 된 자녀가 부모의 눈에는 아직 어린애 같이 느껴지겠지만, 자녀가 친구들과 함께 있을 때는 어린아이 취급을 하지 않는 것이 자녀의 이미지 관리를 돕는 길이다. 그렇게 했을 때 자녀는 부모에게 존경심을 갖게 된다. 만약 자녀를 예뻐한다고 친구들 앞에서 어린애 취급하듯 사랑을 표현한다면 자녀는 짜증을 내고 말 것이다.

상가喪家를 방문한 조문객이 유족들에게 너무 가까이 갈 경우 그들에게 불편을 야기할 수도 있음을 알아야 한다. 슬픔에 젖은 유족들은 화장이나 옷단장 등에 평소만큼 신경 쓰지 못하므로, 유족과 허물없는 사이가 아니라면 너무 가까이 다가가지 않는 것이 그들의 이미지 관리를 돕는 일이 될 것이다.

요즘 기업 경영에서 화두가 되고 있는 관계 마케팅, 1대1 마케팅,

고객밀착 마케팅, 고객관계관리(CRM : Customer Relationship Management) 등은 고객의 욕구 충족에 그치는 것이 아니라 각 고객이 원하는 이미지를 존중하고 이에 맞춰주는 것을 그 근본원리로 삼아야 한다.

매순간 이미지 관리를 하고 있음을 부정하지 마라

우리는 매순간 이미지 관리를 하면서도, 정작 이미지 관리를 하고 있다는 사실은 외면하려 한다. 사람들은 화장실에서조차 이미지 관리를 한다. 여자 화장실에서 소변 보는 소리가 들릴까봐 공연히 변기의 물을 내리는 것에 착안하여, 일본의 변기 메이커 토토Toto에서는 물 내리는 음향만 나도록 버튼을 장치한 변기를 만들었다. 이미지 관리 때문에 쓸데없이 버려지는 물의 양이 무시 못할 정도이기 때문이다.

사람들은 화장실을 나올 때 손을 씻도록 기대된다. 그런데 재미있는 현상은 다른 사람들이 없을 때보다는 누군가가 있을 때 더 많은 사람이 손을 씻는다는 사실이다. 아직도 우리가 이미지 관리를 하고 있다는 사실을 애써 외면하고 경시할 필요가 있을까.

『모리와 함께 한 화요일*Tuesdays With Morrie*』의 주인공인 모리 교수는 못된 병마와 싸우며 의연하게 죽음을 맞이한다. 그가 미국의 유명한 토크쇼인, 〈나이트 라인〉의 사회자 테드 코펠과 대화하는 내용은 사뭇 감동을 자아낸다.

코펠이 그에게 종말을 어떻게 맞고 있는지 묻자 "위엄 있게, 용기 있게, 유머러스하게, 침착하게 살려고 노력합니다"라고 대답한다. 코펠이 다시 묻는다.

"천천히 쇠락하는 데 가장 두려운 게 뭡니까?"

모리 교수는 테드 코펠의 눈을 똑바로 쳐다보며 말했다.

"테드, 어느 날 갑자기 누군가 내 뒤를 닦아줘야만 된다는 사실이 가장 두렵소."

병환이 일으키는 수치심. 죽을 만큼 아픈 순간까지도 우리는 이미지 관리에서 자유로울 수 없는지 모른다.

자신이 어떻게 인식되는지 **파악하라**

이미지 관리라고 하면, 어떤 옷과 무슨 색깔의 넥타이를 착용하는 것
이 좋은가, 화장을 어떻게 해서 부족한 이미지를 보완할까, 미소를 어
떻게 지으며 인사는 어떻게 해야 하는가 등의 겉모습을 다룬 것들로
생각하기 쉽다.

물론 이런 부분들도 중요한 이미지 관리의 수단이다. 그러나 마케
팅 관점에서의 이미지 관리에서는 심리적인 이해에 초점을 맞추는
것이 중요하다.

사람들은 무대 위에서 연기 중이다

사람들은 여러 가지 방법을 통해 이미지를 관리하지만, 그 중에서
도 특히 자기표현self-presentation은 심리적인 관점에서 가장 눈여겨봐
야 할 대목이다. 자기표현이란 다른 사람에게 자기가 어떻게 인식되
는지를 관리하는 과정을 말한다. 자기표현의 욕구는 대인관계의 상
호작용에 있어 거의 모든 부분에 스며들어 있는 것이다.

여기에 흥미로운 패러독스가 내재되어 있다. 실제로는 모든 사람들이 타인에 의해 어떻게 인식되고 평가되는지에 신경을 쓰지만, 대부분의 사람들은 자신의 보여지는 모습에 대해 관심을 가진다는 점을 유치하다고 생각하여 그 사실을 부인하고 싶어 한다.

또한 사람들은 '타인들이 연기를 하는 것은 아닌가' 하고 의구심을 갖곤 한다. 그들이 나타내려는 것처럼 영리하지도, 부유하지도, 능력이 있거나 윤리적이지도, 배경이 좋지도 않을 거라는 생각이 드는 것이다. 그러나 뒤집어보면 우리 자신 또한 매일 마주치는 다양한 관객들을 상대로 무대에 서 있는데 그 사실은 인정하고 싶어 하지 않는다.

이미지는 의도대로 형성되지 않음을 인정하라

이미지 관리는 복잡한 심리과정이다. 다른 사람에게 특정한 이미지를 형성하고 싶은 사람이 기대 효과를 창출하기 위해 단순히 스위치를 조작하는 식으로 되는 게 아니다.

주어진 상황에서 특정한 사람에게 전달하고자 하는 가장 바람직한 이미지를 저울질하고, 그러한 이미지를 만들어낼 수 있는 행동을 실행하며, 자신이 의도한 이미지를 타인이 그대로 받아들였는지를 평가하는 과정에서 잘못될 수 있는 요소가 허다하다.

우선, 겉으로 드러나는 행동은 한 가지 이상으로 해석될 수 있기 때문에 사람들에게 보여주려고 했던 것과는 다른 이미지를 전달할 위험이 있다.

예를 들어, 대화 중 지적으로 보이려고 했던 어떤 사람이 그저 지루하고, 과시적이며, 이론적인 난해한 정보를 제공하는 사람으로 인식될 수도 있다. 따라서 우리는 다른 사람들에게 형성시키고자 하는 이미지(계산된 이미지 : the calculated impression)와 의도하지 않았으나 파생된 이미지(이차 이미지 : the secondary impression)를 구별해야 한다.

의도하지 않았다고 해서, 이차 이미지가 항상 바람직하지 않은 것은 아니다. 예를 들어 지적으로 보이려고 노력한 사람이 의도하지는 않았지만 차분한 토론자처럼 보일 수 있다. 그러나 종종 이차 이미지는 상대방에게 인식시키고자 하는 이미지와 불일치하기 십상이다.

이차 이미지는 자기표현의 내용뿐만 아니라 분위기에 따라서도 달리 받아들여지기 때문에 예측하거나 통제하기가 어렵다. 아마도 자신은 매우 정직하게 자기표현을 했는데 다른 사람들로부터 진실성을 의심받아 당황한 적이 있을 것이다. 예를 들어, 자신의 성격이나 생활의 단편 중에 쉽게 볼 수 없는 면을 스스로 노출self exposure 했을 때 다른 사람들이 액면 그대로 받아들일 수도 있지만, 무엇인가가 자기 노출의 진실성을 의심받도록 만들 수도 있는 것이다. 이러한 경우, 특정한 계산된 이미지를 만들고자 했던 노력이 의도하지 않았던 이차 이

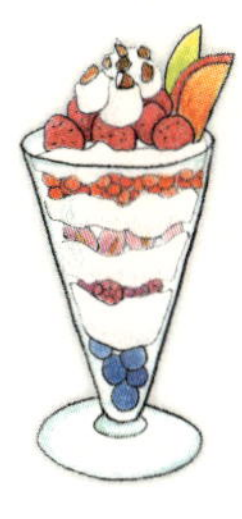

미지(신뢰할 수 없다는)를 만들어낸 것이다.

또한, 의도했던 이미지로부터 다른 사람들이 끄집어내는 이차적 추론들도 예측하기 어렵다. 선생님이나 상사에게 진심 어린 감사의 표현을 했더라도, 상대방은 그것을 아부로 해석할 수 있다. 혹은 면접 때 거만하게 보이지 않으려고 자신의 성과를 낮추어 얘기했는데, 면접관은 자신감이 부족한 사람이라고 해석할 수도 있다.

타인이 자신을 어떻게 인식하는지 파악해야 한다

자신이 만든 이미지에 대해, 그 자신이 항상 정확한 판단을 내릴 수 없다는 사실 때문에 자기표현의 어려움은 가중된다. 그러므로 바람직한 이미지를 만들기 위해서는 다른 사람들이 자신을 어떻게 지각하고 있는지를 먼저 알아야 한다.

그러나 문제는 자신이 전달하고 있는 이미지가 어떤 것인지를 항상 알 수 있는 게 아니라는 점이다. 사람들이 일반적으로는 다른 사람들에게 보이는 자신의 이미지에 대해 대체로 안다고 짐작하지만, 실제 다른 사람들이 자신을 어떻게 인식하는지에 대한 판단은 별로 정확하지 않다. 특정한 타인이 나에 대한 갖는 반응은 그 사람이 나를 어떻게 인식하는가 하는 것뿐만 아니라, 그 사람의 성격에 의해서도 좌우되기 때문이다.

또 한 가지 짚고 넘어가야 할 점은 사람들이 자신의 일관성에 대하여 과대평가하는 경향이 있다는 것이다. 사람들의 행동이 상황에 따라 크게 달라짐에도 불구하고, 스스로는 자신을 비교적 일관되고 변함이 없는 사람으로 생각하는 경향이 있다. 즉, 자신은 대부분의 경우

대동소이한 이미지를 주고 있다고 생각하지만, 다른 사람이 보기에는 상황에 따라 현저하게 다르게 느낄 수 있다는 점을 인식하는 것이 중요하다.

이처럼 타인이 자신에 대해 가지는 이미지를 완벽하게 판단할 수 없기 때문에 자기표현이 결코 쉽지 않다. 또한 자신이 어떻게 인식되는지를 정확히 판단한다 해도 원하는 이미지를 전달하는 것은 여전히 쉬운 과제가 아니다.

때로는 자신의 통제 밖에 있는 사건들이 자신의 이미지를 손상시키기도 하지만, 대부분은 다른 사람들이 자신을 어떻게 지각하느냐에 관해 잘못된 판단을 하기 때문에 자기표현에 있어 계산 착오를 일으키게 된다.

나의 이미지를 끊임없이 모니터하라

중요한 점은 우선, 내가 원하는 이미지대로 상대방이 나를 인식하고 있지 않을지 모른다는 사실을 인정하는 것이다. 그리고 끊임없이 남에게 비춰지는 나의 이미지를 모니터해야 한다. 어떻게 자신이 인식되는지를 아는 것은 성공적인 이미지 관리를 위한 선행조건이 되기 때문이다.

그러고는 사람들이 의도하는 이미지가 상대방에게 어떻게 받아들여지는지 그 원리를 이해하고, 사람들의 공적 이미지public image에 대한 관심이 그들의 행동을 어떻게 바꾸는지 관찰하는 것도 중요하다.

이미지 관리에 대한 과도한 관심은 때때로 부적절하고, 위험스럽기까지 하다. 그렇다고 해서 이미지에 대해 어느 정도의 의식적인 주의와 관리기법이 필요하다는 사실까지 감추어서는 안 된다.

　사회적 상호작용의 과정은 이미지에 강하게 영향을 받기 때문에 다른 사람들에 의해 어떻게 인식되는지에 관심 갖지 않는다면 자신의 목표를 달성하는 데 있어 중요한 것을 빠뜨리는 셈이 될 것이다.

감정의 전달도 관리하라

무표정하거나 감정 표현이 적은 사람보다는 적절한 감정 표현을 하는 사람이 더 인간적으로 생각되어 친근한 이미지를 전달할 수 있다. 그런데 '적절한 감정 표현'의 수위를 조절하는 것이 생각처럼 쉽지 않다.

사람들은 언어로만 자기표현을 하는 것이 아니라 표정이나 눈길, 몸의 위치 혹은 몸짓 등 비언어적인 행동들을 사용해 자신의 감정과 성격, 기분, 의견, 신체적, 정신적 상태 등을 표현한다. 비언어적인 행동은 비자발적으로 발생하여 통제가 더 어려우므로, 간혹은 이미지를 형성하기 위한 의도적인 노력이 필요하다.

감정표현의 방식으로 인품을 평가받는다

자녀나 부하직원이 잘못한 일이 있을 때 그 못마땅한 감정을 섞어서 야단을 치면, 그 말의 내용보다는 전달된 감정 때문에 말하는 사람의 인품이 미성숙해보이거나 심지어 유치해보일 수 있다. 그래서 잘못을 지적할 필요가 있을 때 감정이 격하다면 일단은 그 모습을 감추는 것이 좋다. 그러고 나서 나중에 감정이 가라앉은 다음에 잘못한 점을 설명하면서, 그 당시의 감정을 말로 전달하면 효과적인 이미지 관리에 도움이 된다.

감정을 표현하는 순간에는 마치 가면이 벗겨지듯 그 사람의 속내가 드러나기 때문에 감정을 어떻게 표현하느냐에 따라 그 사람의 인품이 좌지우지된다. '감정적이다', '내숭을 떤다', '인간적이다', '위선적이다'라는 표현들은 그 사람의 감정표현 방식에 대한 평가이다.

대부분의 경우, 감정은 무의식적으로 표현되지만 타인을 향한 감정 표현의 정도를 적절히 통제할 수 있다. 경우에 따라서는 감정을 숨기기도 하지만 일부러 과장하기도 한다. 진심으로 걱정하고 있다는 사실이나 선물을 받고 느낀 행복감, 그리움 등을 그 대상에게 적절히 표현하는 것은 이미지 관리에 큰 도움이 된다.

다른 사람들에게 자신이 얼마나 화가 났는지, 마음에 어떤 상처를 받았는지, 혹은 상대방의 폭력이 얼마나 참기 힘든 것이었는지 상대방에게 암묵적으로 알리고 싶었던 경험을 떠올려보면, 비언어적 감정 전달이 쉽지 않음을 인식할 것이다. 때로는 분노나 지루함, 피곤함을 타인에게 전달하기 위해 의도적으로 무뚝뚝한 표정을 취하기도 하지만, 이런 표현이 너무 노골화되면 다른 사람에게 좋지 않은 이미지를 전달하게 된다.

어떤 경우에는 느끼지도 못한 감정을 느낀 척 가장하기도 하고, 반

대로 다른 사람들이 자신의 분노나 상처, 행복감 등을 알게 될까봐 감추기도 한다. 이러한 감정 위장의 목적은 어쨌든 자신에 대한 이미지를 관리하려는 것이다.

웃음도 관리하라

웃음만 해도 그렇다. 우리는 웃음을 개인의 내적 감정의 표현으로 생각하지만, 웃음은 행복한 감정의 반영인 동시에 자기표현적 동기가 내재되어 있다. 우리는 종종 자신이 웃고 싶은지 여부와 관계없이 상대방에게 친근감이나 수용을 알리기 위해 미소를 짓는다.

말하자면, 행복감에서가 아니라 타인들에 대한 친근감과 행복감을 전달하기 위해 웃기도 하는 것이다. 심지어 '웃어야 성공한다'는 내용의 책들도 여러 권 나와 있지 않은가. 이런 웃음은 보는 사람도 분명 '잘 보이기 위한 웃음'이란 걸 안다. 하지만 아무도 욕하지 않는다. 오히려 인상이 좋다는 생각을 가진다. 설사 남들이 '만들어진 모습'이라는 걸 인식한다 하더라도 그 노력을 평가받을 수 있는 것이다.

일상 속에서 우리는 '공손한 미소polite smile'를 많이 짓는데, 이는 실제 감정과는 다른 의례적 웃음을 의미한다. 공손한 미소는 행복과 기쁨에서 우러난 웃음과는 구별되는 것이다. 하지만 그것이 가식일지라도 무뚝뚝한 표정보다는 훨씬 낫다.

일반적으로 사람들은 상대방의 도움을 요청하거나 자신을 좋아해

주기를 바랄 때 더 많이 웃는다고 한다. '웃는 낯에 침 뱉으랴'라는 금언을 누구나 잘 알고 있는 것이다.

부정적인 감정은 되도록 감추어라

사람들은 상대방이 해당 상황에 적절한 감정을 표현할 때 더 좋은 이미지를 갖게 된다. 그래서 사람들은 내 감정을 감추고, 다른 사람의 성공에 따른 행복이나 역경에 대해 공감하는 감정을 보이고자 한다.

미인 선발대회의 마지막 승자가 결정되는 순간, 바로 옆에 서 있던 패자는 낙담하는 표정을 짓기보다 자기 일처럼 기뻐하며 축하해주고는 퇴장한다. 설령 무대 뒤로 돌아가 펑펑 울지라도 말이다. 선거에 패배했을 때도 깨끗이 승복하고 상대방을 축하해주는 패자에게 사람들은 좋은 인상을 갖게 된다.

또한 긍정적 감정을 표현하는 사람이 부정적인 감정을 표현하는 사람들보다 호의적으로 이해되기 때문에 사람들은 실제 자신의 감정보다 기분이 더 좋은 것처럼 보이려고 한다. 연인들은 둘 사이에 큰 문제가 생겼을 때에도 타인들에게 자신들의 관계가 안정적임을 전달하기 위해 미소 짓거나 눈을 맞추고 신체 접촉을 하는 등의 비언어적 행동을 사용하곤 한다. 심지어 관계가 거의 끝나가는 연인들도 타인들에게는 아직 행복한 관계라는 이미지를 주고자 노력하기도 한다.

다른 사람들에게 어떻게 보일지 이미지 관리에 신경 쓰는 사람들은 타인들이 자신에 대해 갖는 이미지에 별 관심이 없는 사람들보다 분노와 같은 부정적인 감정의 표현을 감추려는 경향이 더 강하다. 또한 사람들은 관심이 없거나 질렸다는 것을 동료나 친구들에게 알릴 때는 자기들만이 아는 표현을 사용하곤 한다.

이처럼 감정이란 우리 내부의 주관적이며 자연발생적인 반응일 뿐 아니라 다른 사람들과의 상호작용에 관련된 사회적 행위임을 인식하는 것이 중요하다. 우리가 갖는 많은 감정들은 사회적 맥락에서 발생하고 동시에 타인의 행동에 영향을 미친다는 점을 간과해서는 안 될 것이다.

후광반사 효과를 활용하라

친구를 봄으로써 그 사람을 알 수 있다고 생각되듯이 누구와 교제하느냐에 따라 사회적 이미지가 향상되거나 실추될 수 있다. 교제관계를 통해 보이는 자기표현은 자신에 대한 정보를 관리하는 것처럼 직접적인 것이 아니라 자신과 연결된 사람이나 사물에 대한 정보에 의한 것이라는 측면에서 이미지 관리의 간접적 형태라고 볼 수 있다.

사람들은 후광반사 효과의 영향을 받는다

사람들은 성공이나 권력 혹은 매력이나 인기를 갖고 있거나 여러 면에서 다른 사람들에게 존경을 받는 사람들과 어울리고자 한다. 다른 사람들에게 존경받는 사람과 사귀게 되면 '후광반사 효과(BIRG : Bask In Reflected Glory, 직역하면, 반사된 영광의 빛을 쬐기)'를 경험할 수 있기 때문이다.

심지어 연결고리가 매우 약한 경우에도, 여전히 후광반사 효과를 기대하는 행동을 한다. 어디를 갔는데 유명배우를 봤다고 이야기하거나 유명 스포츠 스타가 자기 고향 출신이라고 자랑하는 것이 그 예다.

또한 사람들은 자기 자신을 다른 사람들과 상징적으로도 연결한다. 사람들이 후광반사 효과를 취하는 가장 흔한 예는 성공한 스포츠 팀과 자신을 연결시킴으로써 자신을 돋보이게 하는 것이다. 오하이오대학교에서 진행한 조사결과에 의하면, 대학생들은 주말 풋볼경기에서 팀이 승리했을 경우 월요일 아침에 학교 이름이 새겨진 옷을 더 많이 입고 등교하는 것으로 나타났다. 일반적으로 학생들은 소속 대학교의 승률이 높아질수록 학교를 상징하는 의상을 더 많이 입는다.

간혹 음악가의 연주 후에 사인을 받으려고 줄을 길게 서서 기다리는 경우가 있다. 또는 책의 저자 사인회가 있는 경우 일부러 책을 사서 필자에게 사인을 부탁하거나 사진을 같이 찍고자 한다. 연주자나 필자와 접촉이 있었음을 자랑하고 싶어, 기꺼이 돈을 내고 CD나 책을 산 후 거기에 사인을 받는 것이다.

사람들은 유명한 사람의 탄생지나 주거지, 혹은 다른 측면을 자신의 마을과 연관시킴으로써 후광반사 효과를 즐기기도 한다. 때로는 도시 전체가 해당 고장에서 태어난 개인을 내세워 후광반사 효과를 노리기도 한다. 그들이 이룩해놓은 일과 아무런 관련이 없는데도 그곳에 유명인사의 생가가 있다거나 또는 사망지임을 광고하는 것을 드물지 않게 본다.

광고에서 유명인을 등장시키는 이유도 실은 후광반사 효과 때문일 것이다. 나이키는 광고에서 농구의 마이클 조던, 골프의 타이거 우즈, 축구의 호나우도 등 자타가 공인하는 스타들을 기용함으로써 그들의 후광효과를 얻으려고 많은 돈을 쓰고 있다. 논리적으로 따지면 별 연관성이 없음에도 불구하고, 사람들은 후광반사 효과가 있는 사람에 대한 이미지를 형성할 때 후광의 영향을 받는다.

암광차단 효과

후광반사 효과와는 반대로 존경받지 못하는 사람과 연관되지 않기 위해 '암광차단 효과(CORF : Cut Off Reflected Failure, 직역하면 반사된 실패부터 단절시키기)'를 추구한다. 즉, 잘못된 일의 불똥이 자신에게 안 튀도록 하려는 것이다.

예를 들어, 뉴올리언스 주가 케네디 대통령의 암살범 '리 오스왈드의 탄생지'라는 팻말을 부착하지 않는 것처럼 말이다. 족보를 들먹일 때는 항상 유명한 조상들에 대해서만 언급한다. 어느 누구도 조상 중에 도둑이나 살인자, 불량배가 있었다는 말을 들어본 적이 없을 것이다.

또 다른 암광차단 효과의 빈번한 사례는 선거 후에 발생한다. 미국의 경우, 후보자들의 이름과 공약이 적힌 포스터나 팻말을 자신의 집 앞뜰에 박아놓곤 한다. 그런데 지지하는 후보자가 선거에서 당선되었을 때보다는 낙선했을 때 더 빨리 그 부착물을 제거하는 경향이 있다. 패자와 친분이 있음을 공개적으로 드러내고 싶은 사람은 없는 것이다.

광내기와 감싸기

후광반사 효과와 유사한 효과로서 '광내기'와 '감싸기'가 있다. 사람들은 자신과 관련되어 있는 사람이나 장소, 기관들의 가치를 증가시켜 말하거나(광내기 : burnishing), 자신이 관련된 사항의 부정적인 모습을 최소화시키려 한다(감싸기 : covering).

사람들은 친분이 있는 사람에 대하여는 좋게 얘기하려고 한다. 또한 고향을 부풀려 극찬하기도 하고, 자신이 속한 학교나 회사, 사회단체나 교회 등의 긍정적인 면을 과장하기도 한다. 자신이 속한 집단에 대한 강한 애정은 여러 원인에서 비롯된 것이지만, 거기에는 다른 사람들의 눈에 가치 있게 보이고자 하는 '광내기' 욕구가 개입되어 있다.

반면에 부정적인 사람이 이미 자신과 관련된 사항의 경우, 어쨌거나 부정적인 면을 줄이기 위해 뭔가 긍정적 요소를 찾아 강조하는 경향이 있다. 이러한 '감싸기'의 흥미로운 예로서 한 실험을 살펴보자. 피실험자들은 책을 읽게 했는데 '미치광이 수도사Mad Monk'로 잘 알려진 러시아의 그리고리 라스푸틴Grigori Rasputin에 관한 내용이었다.

라스푸틴은 괴이한 능력을 가진 수도사였는데 알렉세이Alexis 왕세자의 혈우병증세를 안정시킨 공로로 러시아 왕가의 총애를 받아 내정문제와 외교문제에까지 막대한 영향력을 행사했던 사람이다. 그는 나중에 국가적인 물의를 일으켰을 뿐 아니라 사생활도 난잡하여, 러시아 황실 몰락에 일조한 사람이다.

라스푸틴은 항상 더럽고 기름때 절은 머리와 부스스한 콧수염을 하고 있었다. 그는 귀족들의 연회에서 더러운 맨손으로 음식을 먹어대는 등 방종하기 이를 데 없었고, 문란한 여자관계와 사치로 심하게 타락하였으며 그와의 친분을 자랑하는 사람은 아무도 없었다.

이러한 내용의 책을 읽은 피험자들을 반으로 나누어 한쪽은 자신의 생일과 라스푸틴의 생일이 같다고 믿게 하고, 다른 쪽의 피험자들은 생일이 다르다고 믿게 만들었다. 자신과 라스푸틴의 생일이 같다고 믿는 피험자들은 곧 감싸기를 시작했다. 그들은 다른 편의 피험자들보다 라스푸틴을 훨씬 호의적으로 묘사하는 것이었다. 이 사례는 사안과의 연결 가능성이 희박하더라도, 이런 사소한 관계마저 타인에 대한 사람들의 이미지 형성 과정에 영향을 미친다는 것을 보여준다.

많은 사람들이 무심코 활용하는 후광반사 효과는 한 걸음 떨어져 보면 우스꽝스럽기까지 하다. 별 상관이 없는데도 사람들은 연관을 짓는 것이다. 그러나 이러한 후광반사 효과는 매우 효과적인 자기표현의 전술로써 자주 이용되고 있다.

소유물로 **나**를 표현하라

사람들은 상대방의 소유물이나 물리적 환경을 보고 그 사람에 대한 이미지를 형성하곤 한다. 잘 정돈된 연구실에서 근무하는 교수와 어지럽기만 한 연구실에서 근무하는 교수에게서 받는 이미지는 각기 다를 것이다. 새로 알게 된 두 사람 중 한 사람은 최신형의 BMW를 몰고 다른 한 사람은 오래된 국산차를 타고 있다면, 그 두 사람에 대해 갖는 이미지는 다를 수밖에 없다.

공간 디자인이 나의 이미지를 만든다

극장에 비교하여 설명하자면, 우리가 자기표현을 목적으로 사용하는 물리적 환경은 크게 세트와 소도구, 조명의 세 가지로 구분할 수 있다. 무대 위에 세트가 설치되어 있는 것과 같이 사람들은 각자의 공간에서 일상생활을 연기한다.

'세트'는 사람들이 살거나 일하는 곳의 크기(넓은 사무실과 좁은 사무실은 서로 다른 이미지를 형성한다), 가구의 스타일, 벽지, 카펫, 전등과 같

이 상대적으로 이동이 어려운 물리적 환경을 의미한다.

'소도구'는 이동이 용이한 일시적인 환경을 의미한다. 자신에 대해 다른 사람이 갖는 이미지에 영향을 미칠 수 있는 모든 소유물, 예컨대 거실에 놓인 잡지, 사무실 벽에 걸린 예술작품이나 액자 그리고 소소한 장신구나 골동품의 배치 등, 모든 것이 특정한 이미지를 전달하는 데 사용될 수 있다.

극장의 '조명'이 무대 분위기를 결정하듯이 사무실이나 집의 분위기도 조명에 의해 좌우될 수 있다. 조명의 형태나 강도, 색깔을 이용하여 거주자의 이미지를 전달하는 것이다. 일반적으로는 밝은 햇빛이 드는 방이 어두운 방보다는 긍정적인 이미지를 줄 것이다. 또는 밝게 널리 퍼지는 조명은 개방성을 표현하며, 부분적인 조명은 따스함을 전달할 수 있을 것이다.

내가 살거나 일하는 공간으로부터 다른 사람들이 많은 정보를 얻기 때문에, 사무실이나 집을 자신이 추구하는 이미지에 적합하도록 가꾸고 관리해야 한다. 가구의 선택이나 예술 작품, 테이블 위의 잡지, 흐트러짐의 정도, 심지어 작은 장신구에서도 주인의 자기표현 전술을 엿볼 수 있다. 왜 사람들이 「플레이보이」나 여성주간지 같은 잡지는 숨기고, 「내셔널 지오그래픽」이나 미술잡지 같은 것은 응접실 탁자 위에 올려놓는 것일까 생각해보라.

물리적 환경으로 자신의 이미지를 창출하라

사람들이 어떤 이미지를 만들겠다는 한 가지 목적만으로 가구나 예술 작품, 읽을거리 또는 작은 장신구를 선택하는 것은 아니다. 그러나 그들의 선택에 따라 상이한 이미지가 창출된다는 점을 간과해서는 안 된다.

예를 들어서 가구에 대한 선택은 미학적 감각(그 사람이 개인적으로 좋아하는 가구의 스타일)과 가구의 상징적 가치라는 두 가지 측면과 관련되어 있으며, 이것을 통해 개인의 이미지가 전달된다. 마찬가지로 무슨 옷을 입고, 어떤 백을 들고 다니며, 무슨 신을 신느냐 하는 것 역시 자신을 표현하는 도구가 된다.

비즈니스 세계에서 외양의 중요성은 엄연히 존재한다. 조직 내에서의 영향력과 관련된 이미지를 전달하기 위하여 사무실의 물리적인 환경들이 이용된다. 예를 들어, 크고 화려한 목제 책상은 큰 권력을 암시한다.

수많은 회사들이 고객에게 자사의 위상과 업무에 대해 정확한 이미지를 심어주기 위하여 사무실 및 기자재에 막대한 금액을 투자하고 있다. 로비의 리셉션 데스크 뒤를 뉴욕, 런던, 도쿄, 뉴델리 등과 같은 세계 주요 도시들의 이름이 붙은 여러 개의 시계로 장식하는 경우를 가끔 본다. 이 기업이 전달하려는 이미지는 명확하다. 자기들의 사업이 국제적인 범위에 걸쳐 있음을 보이려는 것이다.

졸업장과 증명서들로 벽을 가득 채운 의사의 사무실도 마

찬가지다. 책장 속에 가지런히 꽂힌 백과사전이 얼마나 자주 이용되는지는 의문이다. 그와 같은 물품을 이용한 자기표현 목적은 명백하다. 컨설턴트들은 큰 달력보다 작은 스케줄 관리용 달력을 사용하는데, 이것은 약속과 업무로 가득 채워진 달력을 슬쩍 보이며 자신이 매우 바쁘고 중요한 사람임을 인식시키려는 의도도 있는 것이다.

환경의 또 다른 기능은 자신의 따뜻한 인간성과 친근한 이미지를 전달하는데 있다. 열린 마음이나 따뜻함을 강조하고자 하는 사람들은 방문자가 그들의 책상 옆에 앉을 수 있도록 가구를 배치한다. 사무실을 방문한 사람들은 서로 마주보도록 배치한 사무실보다는 방문자를 옆에 앉도록 배치한 사무실에서 더 친근감과 따뜻함을 느낀다고 한다.

이와 유사하게 '인간적인' 면을 보여주고자 하는 사람은 자신의 가족이나 개인적인 의미를 지닌 사진을 전시한다. 사무실에 갖다놓은 가족사진들은 과연 가족이 보고 싶을 때마다 쳐다보기 위한 것일까, 아니면 방문자들이 보라고 갖다놓은 것일까 자문해보라.

성공이 성공을 부른다

암스트롱Derek Armstrong과 캄 와이 유Kam Wai Yu가 만든 투 디멘션스 Two Dimensions라는 광고회사는 단기간에 큰 성공을 거둔 사례이다. 처음 창업했을 때 그들은 열정과 경험은 많았지만 돈은 하나도 없었다. 그들이 어떻게 그런 성공을 거두었는지를 자신들의 책, 『페르소나 마케팅The Persona Principle』에서 자세히 설명하고 있다.

그들은 강한 이미지를 부여하기 위해 창업 초기부터 다음과 같은 원칙을 정했다.

- (초기라 약점이 많지만) 절대 자신의 약점을 보이지 않는다.
- (어떤 고객이 요구하더라도) 절대 수수료를 깎아주지 않는다.
- (초라한 사무실을 보이지 않아야 하니) 절대 고객을 회사에 들이지 않는다.

창업 후 그들이 했던 최초의 일은 스스로를 위한 것이었다. 그들이 꿈꾸는 최고의 광고회사에 어울릴 만한 회사 로고를 만들었던 것이다. 그들의 로고는 성공의 이미지를 구체화시켜주었다. 로고는 단순한 그림이 아니라 멋진 이미지 상징물인 것이다. 로고는 그들의 신뢰성을 높여주었다. 멋진 로고가 들어간 명함을 만들자 어느새 그들은 멋진 회사의 사업주가 되었다.

당시 그들이 가지고 있던 차는 매우 고물이었기 때문에, 방문하기로 한 회사로부터 한참 떨어진 곳에 주차를 해놓고 그곳에서부터 회사까지는 걸어갔다. 그들이 차를 놓고 대중교통을 이용했다는 말에 그 회사 책임자는 그들을 매우 성실한 사람으로 봤다. 화장실에서 머리를 단정하게 다듬기 위해 그들은 약속 시간보다 늘 일찍 출발했다.

그들은 처음 몇 건의 수주를 통해 번 돈으로 최고급 홍보 책자를 만들었다. 겨우 3,000부를 찍었을 뿐인데 인쇄비만 48,000달러가 들었다. 두 명의 초보 사업가에게는 매우 큰돈이었고, 그 홍보 책자를 만드느라 그들은 또 다시 빈털터리가 되었다. 그러나 홍보 책자를 배포하고 얼마 되지 않아 그들은 30만 달러의 광고 제작을 수주할 수 있었다.

그들은 창업 후 처음 5년 동안 연평균 300퍼센트의 폭발적인 성장률을 기록했고, 6년째부터는 연평균 87퍼센트의 성장률을 유지했다. 커다란 성공으로 이끌어낸 투 디멘션스의 탄생을 위해 이용된 것은 오직 다음 네 가지 전제였다.

- 이미지가 힘이다.
- 은행잔고보다는 평판이나 명성이 훨씬 더 중요하다.
- 최고라고 인식되도록 하라. 그러면 정말로 최고가 될 것이다.
- 실제로 성공하는 것보다 남들이 성공했다고 인정해주는 것이 더 가치 있는 일이다.

남성성 혹은 여성성을 잘 표현하라

이제는 세상이 많이 바뀌어서 여성과 남성의 성역할이 점차 사라지고 있다. 그럼에도 불구하고 여성과 남성은 동일하지 않은 행동을 하도록 하는 규범들이 아직도 많아서, 이미지 관리를 슬기롭게 할 필요가 있다.

대부분의 사회에서 전통적으로 남성들은 주로 가족을 부양할 책임을 부여받고, 여성들은 자녀 양육의 책임 수행을 요구받아 왔다. 그래서 여성과 남성은 각기 다른 자기표현 방식을 따르도록 요구된다. 예를 들어, 남성들은 자기주장이 강하고, 위엄이 있으며, 야망을 가진 터프한 사람으로 보여야 한다고 생각하는 반면, 동일한 특성을 보이는 여성들은 부정적으로 평가한다.

역으로 예민하고 감성적인 여성은 좋은 이미지를 얻게 되는 반면, 동일한 특징을 보이는 남성은 부정적인 이미지를 얻게 된다. 공포영화를 보러 가서도 남자는 대담한 척 하고 여자는 무서워하는 것이 더 자연스러운 모습으로 비춰지는 것이다.

남녀 간 자기표현 규범의 차이는 여전히 존재한다

우리 사회의 여성과 남성들의 행동에서 찾아볼 수 있는 많은 차이점들은 남성과 여성에 대한 자기표현 규범의 차이를 반영하는 것일 수 있다. 소년과 소녀들은 유년기부터 각기 다른 이미지를 창출하는 데 대해 보상을 받는다.

어린 소년들은 독립적으로 행동하라는 가르침을 받는다. "여자애 같아 보인다."는 표현이나 "무슨 남자가 이래!"라는 놀림은 남자가 남성적 역할을 하지 못했을 때 듣는 핀잔이다. 또한 어린 소녀들은 풍부한 감수성으로 남을 배려하고 '여성스럽게' 행동하도록 교육을 받는다.

결과적으로 자기표현에 있어, 성인 남성은 여성에 비해 자신을 훨씬 결단력 있고 강인하며 유능한 사람으로 표현하게 되고, 여성들은 대인관계에서 따스하고 공동생활에서 희생적인 사람으로 자신을 표현하게 된다.

이에 따라 다른 사람에게 자신을 드러내는 깊이와 친밀감에 있어서도 여성과 남성은 차이를 보이려 한다. 여성들은 남성들보다 자신의 감정을 표현하는 성향이 강하다. 반면 남성들의 경우 지나치게 자신의 감정을 드러내게 되면 부정적인 이미지를 형성하게 될 것이라는 자기노출의 한계를 갖게 된다.

자기표현 규범은 여성과 남성의 식습관에까지 영향을 미친다. '가볍게 먹는 것'을 여성다운 것으로 보기 때문에, 여성들은 사회적으로 바람직한 이미지를 심어주고자 할 때면 특히 적게 먹는 경향이 있다. 선을 보는 여성이 처음 식사하는 자리에서 많이 먹는다면 그 어머니가 십중팔구 말릴 것이다. 남성에게 여성답지 못한 인상을 줄까봐 염려하기 때문이리라.

여성들은 자신을 여성스럽게 보이고 싶은 남성과 식사를 할 때, 식사의 양을 줄이는 경향이 두드러진다. 식사의 양은 확실히 여성스러움을 표현하는 한 방법이 되어 있다. 나이에 관계없이 여성들이 남성들에 비해 비만에 더 많은 관심을 갖는 원인 또한 '남성성' 또는 '여성성'의 이미지에 대한 편견 때문일 것이다.

몸단장의 규범에서도 다르다

자기표현 규범은 남성과 여성의 몸단장에도 영향을 미친다. 디자이너 앙드레김이 세간의 눈길을 끌었던 것은 여성복을 만드는 남자 디자이너이기 때문이 아니다(남자 디자이너는 많다). 그의 짙은 화장이며 콧소리 말투가 남자의 이미지와는 거리를 느끼게 하기 때문이리라.

화장을 한 남성은 화제가 되고, 성인 여성이 다른 사람 앞에 나설 때에 화장을 하지 않으면 비난을 받는 이유는 무엇일까? 이유야 어쨌든 여자가 화장을 해야 한다는 규범은 꽤 강력한 것 같다. 콘티넨탈에어라인이 화장과 립스틱 바르기를 거절한다는 이유로 한 항공권판매 여사원을 해고한 사례는 이러한 규범을 극명하게 보여준다. 이 여성이 남성들에게는 화장을 요구하지 않으면서 자기한테 화장을 강요하는 것은 성희롱이라 주장하며 항공사를 고소하겠다고 으름장을 놓자 해고 결정은 철회되었다.

성규범들은 남성과 여성 모두를 속박한다

이러한 규범들은 실상 남성과 여성 모두를 속박한다. 사실 남성에

게도 남을 배려하는 마음이 꽤 있고, 여성에게도 남을 지배하려는 속성이 있을 것이다. 그러나 사람들은 자기의 진실한 생각과 일치하지 않을지라도, 공적 이미지public image를 남성답게 혹은 여성답게 유지해야겠다고 느끼게 된다.

스포츠나 여가활동에 있어서의 선택에서도 그 예를 찾아볼 수 있다. 테니스나 조깅과 같은 운동은 성별에 관계없이 선택되고 있지만, 남성이나 여성 한편에 더 적합한 것으로 여겨지는 운동들도 있다. 다른 쪽 성별에 어울리는 활동을 하면 우스꽝스럽게 여겨지므로 되도록 그런 운동은 피한다.

예를 들어, 에어로빅이나 발레를 즐기는 남성, 혹은 복싱이나 보디빌딩을 하려는 여성은 매우 적다. 이러한 활동이 어떤 측면에서 우리 문화가 남성과 여성에게 요구하는 이미지와 일치하지 않기 때문일 것이다. 필자는 헬스클럽에 가서 에어로빅을 배우고 싶지만, 여성들만 잔뜩 있어 아직도 망설이고 있다.

필요한 성별 표현에 따라 이미지를 변신시킨다

힐러리 클린턴은 남편이 미국 대통령 선거에 도전했을 때, 매우 어려운 자기표현상의 선택에 직면해 있었다. 대부분의 다른 대통령 후보자나 그의 아내들은 겪지 않았던 어려움이었다.

힐러리 클린턴은 능력 있고, 의지가 강하며, 야심 있고, 강건한 성격의 여성으로 살아왔다. 그녀는 성공한 변호사로서 미국 100대 변호사 가운데 꼽힐 정도였다. 남성이었다면 경탄할 만한 일이었지만, 독립적이고 거침없이 말하며 성공을 거둔 여성에 대해 아직은 많은 사람들이 탐탁지 않은 시선을 보내고 있었다. 1992년 대통령 선거 캠페인 기간 중에 공화당은 힐러리를 "부엌보다 회의실에 들어가기를 좋아하는 여권주의자"라며 공격하였다.

자신에 대한 비판에 대처하는 동시에 남편의 정치적 열망을 보호하기 위해서 그녀는 많은 미국인들의 입맛에 맞도록 자신의 이미지를 관리하기 시작했다. 그녀는 좀더 부드럽고 여성적인 이미지를 연출하기 위해 머리 모양과 눈 화장, 의상을 바꾸었다.

또한 집에 눌러 앉아 과자를 굽고 차를 끓일 수 있는 여성이 아니라는 비판에 대처하기 위해, 과자 굽는 모습을 공개하고 외동딸인 첼시의 축구 경기를 관람하는 사진도 찍었다. 남편의 선거 캠페인에 나가서는 군중들에게 남편을 소개하는 대신 여느 후보자 부인들처럼 뒤에 앉아서 사랑 어린 눈빛으로 남편을 바라보는 역할을 시작했다.

힐러리가 취한 이런 행동들에는 자신뿐만 아니라 남편의 이미지를 관리하려는 의도가 숨어 있었다. 선거 참모들은 주장이 강한 아내의 모습이 두드러지면 클린턴 후보가 무기력한 사람으로 비춰질 수 있다는 점을 걱정했기 때문이다. 아내가 남편에게 할 일을 말해줄 것 같은 이미지는 남편을 나약한 사람으로 보이게 하며 그의 능력과 힘을 깎아내릴 수도 있다는 것이었다.

하지만, 선거가 끝나자 힐러리의 자기표현에는 다시 변화가 생겼다. 그녀는 백악관의 서쪽 건물에 있는 사무실에 자리를 잡았고, 대통령은 그녀에게 건강개혁 특별위

원회를 맡겼다. 결국 상원의원을 거쳐 이제는 미국 대통령 선거에 자신이 직접 도전하는 위치까지 올라섰다.

많은 사람들이 힐러리의 변신을 비판했지만, 왜 총명하고 능력 있는 여성이 남편의 당선기회를 보장하기 위해 전통적인 여성상을 가장해야만 했는지 근본적인 이슈를 문제 삼는 사람은 많지 않았다.

능력을 요령껏 **과시하라**

지적이고 유능한 사람보다 무능력하고 우둔한 사람을 선호하는 사람은 없을 것이다. 일반적으로 지식이 많고 유능한 '것처럼 보이는' 사람들은 자신이 속한 사회집단에서 더 좋은 대우를 받는다. 그들은 더 좋은 직업을 갖고, 더 높은 지위를 오르며 다른 사람에게 더 많은 영향력을 발휘하는 경향이 있다.

그런 면에서 볼 때, 사람들이 유능하고 똑똑하며 노련한 사람으로 인식되기 위해 '자기 PR'로 알려진 자기표현 기법을 사용하려는 것은 당연한 일일 것이다. 자기 PR을 위해 말로만 PR하는 것이 아니라 어떤 일을 손쉽게 해내는 모습을 은근히 보여주거나, 다른 사람들에게 자기의 기술을 보여줄 수 있을 때까지 기다렸다가 무대를 펼치듯 자랑하는 방법들이 동원된다.

임무 수행에도 자기표현적인 속성이 있다

아이들은 열심히 공부해서 100점을 맞을 경우, 자신의 능력을 확인하는 기쁨보다 엄마한테 "엄마 나 100점 맞았어!"라고 보고하는 기쁨이 더 큰 것이다. 어른이라 해도 자신의 능력을 인정해줄 사람이 없음에도 지속적으로 업무에 최선을 다하는 사람은 많지 않다.

이러한 관점에서 보면, 사람들이 업무를 잘 수행하려고 노력하는 것 역시 다른 사람들에게 유능하다는 이미지를 전하는 목적이 작용한 행동일 것이다. 사람들은 자신의 지식이나 능력을 다른 사람에게 증명해보이기 위해 객관적으로 평가받을 수 있는 임무를 더 열심히 수행해내는 경향이 있다.

사람들이 성공을 추구하는 데는 여러 가지 동기(자기만족, 임무의 중요성, 혹은 높은 임금)가 작용하지만, 그 가운데 특히 성공을 거두었다거나 능력 있는 사람으로 간주되고자 하는 동기가 큰 비중을 차지한다. 연구결과를 보면, 사람들은 자기표현과 관계가 높을 때 임무 수행에 더 많은 노력을 기울인다고 한다.

능력을 과시하기 위해 노력을 감춘다

모든 업무의 성과는 '능력'과 '노력'의 결합에 의해 이루어지므로, 사람들은 높은 능력을 강조하기 위해 자신이 기울인 노력을 깎아내리기도 한다. 예를 들어 노력을 최대한 기울였음에도 불구하고 업무성과가 나쁜

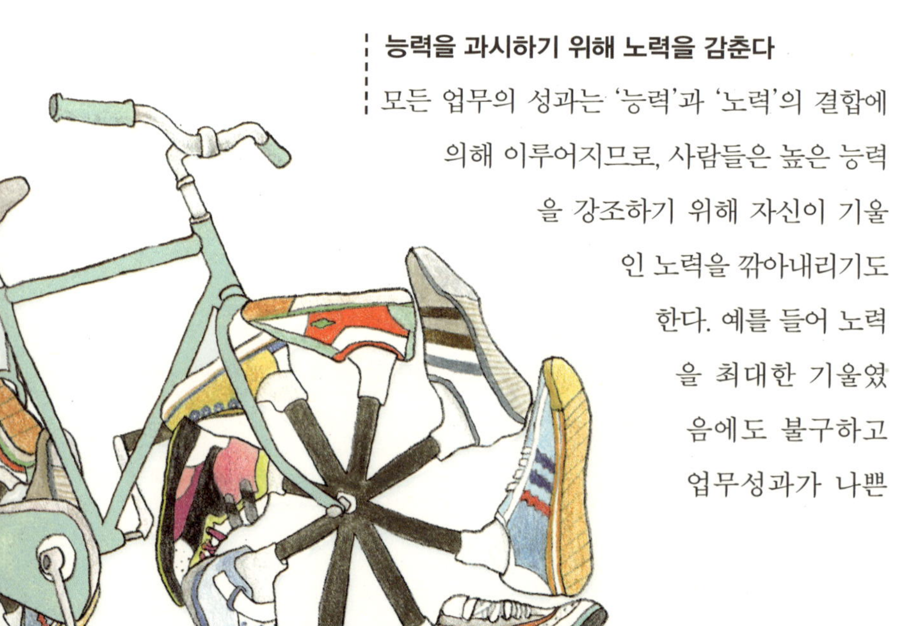

경우, 그야말로 능력이 없는 것으로 간주될 수 있는 것이다. 그래서 무능력하다고 인식되는 것이 두려워 자신이 얼마나 많은 노력을 기울였는지를 감추는 경우도 드물지 않다.

그렇게 함으로써 결과가 나쁠 경우, 자신의 부족한 능력(지속적인 이유)보다는 노력(일시적인 이유)이 부족했다는 쪽으로 그 평계를 돌릴 수 있기 때문이다. 또 업무를 잘 수행했을 경우에도 별다른 노력을 기울이지 않았다고 주장함으로써 뛰어난 능력을 지닌 사람이라는 이미지를 전할 수 있는 것이다.

한 연구에 따르면, 체육관에서 페달 자전거를 타는 사람들의 경우 혼자서 자전거를 탈 때보다 다른 사람들과 함께 탈 때 힘이 덜 드는 것처럼 행동하는 경향을 보였다. 다른 사람이 옆에 있을 때에는 헐떡이며 운동하기보다 이 정도 운동은 별 거 아니라는 듯한 태도를 보이려 하며, 힘든 정도를 물어보았을 때도 덜 힘들다고 대답하는 것이었다.

유능함과 호감 사이의 균형을 맞춰라

남들에게 유능한 사람으로 지각되기를 원할 때, 사람들은 자기표현상의 두 가지 위험에 봉착하게 된다. 첫째, '자기 PR'의 패러독스이다. 진정으로 뛰어난 능력을 지닌 사람이라면 구태여 자신의 능력을 스스로 표현할 필요가 없기 때문에, 자기 PR적인 자기표현 자체가 사실상 능력이 떨어진다는 증거로 받아들여질 수 있다는 점이다.

자기 PR을 하려는 사람들이 극복해야 할 또 다른 어려움은 호감과 유능함 사이에서 균형을 찾는 일이다. 자기 PR을 통해 유능한 사람으로 인식될 수 있을지언정, 그 때문에 다른 사람의 호감을 잃게 될 수도 있다. 사람들은 자기의 능력을 떠벌리는 사람을 싫어하는 경향이 있다. 상대방의 자기 자랑을 듣다 보면 스스로 열등하게 느껴지거나 대화의 주도권을 상대방이 독점하는 듯한 느낌을 받기 때문이다.

타인의 이미지에 대해 별 신경을 안 쓰고 자신의 유능함만을 내세우려는 사람들은 일반적으로 비난받거나 배척을 당한다. 우리는 이런 사람들을 무례하고 몰인정하며 사회적으로 미숙련되고 심지어 정신적으로 장애가 있는 것으로까지 단정짓는다.

유능해보이기 위해 도움 받기를 주저한다

유능한 사람으로 보이려는 관심은 다른 사람의 도움을 받아들이는 태도에도 영향을 미친다. 만약 도움을 받음으로써 무능력하고 의존적인 이미지를 주게 될 것 같으면 좀처럼 도움을 받으려 하지 않는다. 다른 사람에게 도움을 구하는 행동을 자기표현상의 위협으로 생각하기 때문이다. 그런 이유에서인지 남성들은 여성들보다 길을 선뜻 묻지 않는다. 특히 여성이 함께 있을 때는 더욱 그렇다.

하지만, 도움을 받아도 체면이 깎이지 않는 상황이라면 거리낌 없이 도움을 받으려 한다. 또한 자신이 나서서 도움을 요청하는 것은 꺼리더라도, 상대방으로부터 제공된 도움은 마지못해 받아들이는 것처럼 할지라도 받아들인다. 그럴 때 옆에 있는 사람은 그런 이미지 관리하는 상황을 모른 척해주는 것이 필요하다.

도움에 대해 미래에 보답할 기회가 보장되는 경우 훨씬 편안한 마음으로 도움을 받아들인다. 보답할 수 있다는 것은 그 사람이 완전히 무기력한 사람은 아니라는 사실을 증명해주기 때문이다.

리더의 이미지를 만들어가라

사람들은 어떤 사람의 특정한 유형의 행동들을 보고서 그를 리더로 여기거나 리더십을 갖춘 사람으로 인식하게 된다. 즉, 어떤 특정인이 리더가 될 수 있을지 여부는 다른 사람들이 갖는 이미지로 결정되는 셈이다. 리더십이 사실은 그 사람의 몇몇 행동을 보고 이끌어낸 추론이라는 것을 생각해보면, 지도자들에게 있어 이미지를 이끌어내는 행동들을 관리하는 것이 무척 중요함을 알 수 있다.

그래서 리더가 되고 싶거나 그런 역할을 지속하고자 하는 사람은 다른 사람이 기대하는 리더의 원형과 일치하는 이미지를 전달하기 위해 노력한다. 그들은 지도자의 전형적 특질(결단력, 강인함, 집단중심적인 태도, 구성원의 복지에 대한 관심 등)을 전달하려 하는 반면, 리더의 전형적 이미지에서 벗어나는 모습(우유부단함, 나약함, 자기중심적인 태도, 구성원에 대한 무관심 등)들을 피하려 한다.

예를 들어, 대통령들은 각각의 개인적 성격 차이가 있음에도 불구하고 전형적인 '대통령다운 모습', 즉 역사의 흐름에 따라 적절히 변

화되어온, 대중이 바라는 대통령의 원형과 일치된 모습을 보이려고
노력한다.

성공적인 지도자가 갖추어야 할 핵심 이미지

성공적인 지도자가 되려면 다음 다섯 가지 핵심 이미지를 잘 이해
해야 한다. 다섯 가지 이미지를 동시에 전달해야 하는 것은 아니며,
효과를 극대화하기 위해서는 상황에 따라 그에 걸맞은 이미지를 부
각시켜야 할 것이다.

첫째, 리더의 유능함competence에 대한 추종자들의 인식은 모든 리
더십에 있어 가장 중심이 되는 요건이다. 추종자들이 리더의 적합성
을 판단할 때 유능하게 보이는 것은 리더십의 핵심요소이다. 유능함
에 대한 추종자들의 인식이야말로 영향력의 원천인 '전문가적인 힘
expert power'의 기반이다.

둘째, 지도자들은 '사람을 끄는 힘attraction power'을 통해 자신의 영
향력을 증가시킬 수 있기 때문에 호감likability을 얻는 방향으로 자신의
이미지를 관리하여야 한다.

아무리 유능하다고 해도 인간적인 매력이 없다면 대중의 지지를
얻거나 리더십을 유지하기 힘들다. 유능하다는 선거후보자들이 보여
주려 애쓰는 모습은 천진한 아이들이나 노천에서 장사하는 서민들과
어울리는 장면이다. 기업의 중역들이 사무실에 가족사진을 놓아두는
것은 근무 중에 가족들이 보고 싶어서라기보다 다른 사람에게 가족
적이라는 이미지를 심기 위한 것이라고 볼 수 있다.

많은 리더들이 인간적 매력과 유능함을 두루 갖춘 사람으로 보이

길 원하지만, 친근하고 접근하기 쉬운 사람으로 보이면서 동시에 업무지향적 태도로 하급자들에게 압박을 주기란 매우 어렵다는 점을 깨닫곤 한다.

ROTC 생도들을 관찰한 한 연구에서 이러한 딜레마의 해결책을 시도하는 것을 볼 수 있다. 상급생도들은 하급생도들이 자신들을 따르도록 하기 위해, 자신의 속성 중에 지도력과 직접 관련이 없는 부분을 선택해 스스로 비판하는 행동을 종종 볼 수 있었다. 이렇게 함으로써 유능함이라는 이미지를 손상하지 않고 권위를 세우면서도, 겸손하며 소탈하여 어렵지 않게 다가갈 수 있는 사람이라는 이미지를 만들어가는 것이었다.

셋째, 리더들이 가끔 이용하는 자기표현 방법은 위협intimidation이다. 리더들은 간혹 참을성을 감추고 공격성을 드러냄으로써 조직에 긴장감을 주고, 하급자들을 순종시킬 수 있다. 예를 들어, 하급자들에게 금방 분노가 폭발할 듯한 모습을 보임으로써 때로는 집단의 사기가 실추될지라도 '강압적인 힘coercive power'을 행사할 수 있음을 보여주는 것이다.

이러한 겁주기는 적과의 협상에서 주도권을 잡을 때도 쓰일 수 있다. 1991년 페르시아 만 전쟁이 끝나갈 즈음, 슈워츠코프 장군Schwarzkopf은 미군과 이라크 장교 간의 협상 테이블에서 위협적인 자기표현 전술을 사용하였다. 협상 장소로 이용될 천막을 미국과 영국 국기가 펄럭이는 무장 전차들로 둘러싼 후, 슈워츠코프 장군 자신은 공격용 아파치 헬리콥터 20여 대를 이끌고 등장했다. 이날 이라크 장교들은 지프를 타고 도착해 기다리고 있었다.

협상 테이블에서 그는 웃음의 기색을 전혀 띠지 않고 시종일관 돌처럼 굳은 표정을 유지하였다. 이라크 장교들은 연합국 측의 압도적인 분위기에 두려움을 느낌과 동시에 자신들의 처지를 원통해하였다. 슈워츠코프 장군은 실제의 무력과 상관없이 힘의 과시가 중요함을 인식하고 있었고, 결국 그가 바라던 효과를 극적으로 이끌어낼 수 있었던 것이다.

유능한 리더들은 이미지의 중요성에 대해 매우 잘 인식하고 있다. 그들은 리더로서의 일반적인 이미지를 유지함과 동시에, 상황에 따라 다른 이미지도 나타낼 수 있어야 함을 잘 안다. 부하들이 뻔하게 예측할 수 있는 일관된 성격보다는 종잡을 수 없다는 이미지가 부하들을 더욱 긴장하게 만들곤 한다.

일례로 충성심을 얻고자 할 때는 따뜻하고 협력적인 이미지를 보여주다가도 추종자들의 무조건적인 복종이 요구될 때는 거칠고 참을성이 없는 듯한 모습을 보인다. 유능한 리더들에게 역할 연기를 시켜보면, 해당 집단에 당장 필요하다고 생각되는 리더의 이미지를 전달하려고 노력한다. 예를 들어, 업무 지향적인 리더가 필요한 경우라고 생각되면 관계 지향적인 리더가 필요할 때보다 추종자들에게 자신을 더욱 강력하고 유능한 사람처럼 행동하는 것이었다.

넷째, 리더들은 도덕적이고 모범적인 사람으로 지각되어야 한다. 특히 종교 지도자들에게서 그 중요성이 두드러지게 나타나는데, 추종자들에게 이기적이거나 위선적이라는

이미지를 주게 되면 업무를 효율적으로 수행할 수 없기 때문이다. 그러나 흥미로운 점은 도덕성과 전혀 관계가 없는 역할을 수행하는 리더라도 추종자들은 그에게 도덕성morality을 요구한다는 사실이다.

높은 신분에는 도의상의 의무가 따른다는 노블레스 오블리제noblesse oblige라는 규범도 따지고 보면 양심의 문제라기보다 자기표현상의 문제가 더 큰 것이다.

마지막으로, 리더들은 가끔은 단호하고 침착하며 자제력이 있는 사람으로 보여야 한다. 2002년 동계올림픽에서 쇼트트랙의 전명규 감독은 오노에게 부당하게 메달을 빼앗긴 후, 자신의 감정을 극도로 자제하는 모습을 보여주었다. 전 감독은 어느 누구보다도 속상하고 억울했을 텐데 침착한 모습을 보임으로써 지도자로서의 자질을 칭송받게 되었다.

자신이 속한 집단이 어떤 압박을 받는 상황에 있을 때는 특히 리더의 힘potency에 대한 냉정하고 단호한 자기표현이 중요해진다. 예를 들어, 전쟁과 같은 국가적 위험이 닥쳤을 때 대통령이 침착하고 자신에 찬 태도를 보이는 것은 대통령 자신의 공적 위상뿐만 아니라 국민의 사기와 자신감에도 큰 영향을 미친다.

확고한 기반을 갖지 못한 채 겨우 대통령이 된 부시는 9·11 사태 후에 강인하면서도 단호한 이미지를 전달하기 위해 총력을 기울였다. 그는 빈 라덴이 죽든지 말든지dead or alive 잡아내고야 말겠다며, 마치 악당을 섬멸하려는 텍사스의 보안관과 같은 듬직한 이미지를 강하게 심어나간 것이다. 그의 강력한 자기표현 덕분에, 그는 한때 역대 대통령 중 최고의 지지도를 기록했다.

선별적으로 이미지를 전달하라

위에서 리더십의 원형을 이루는 중요한 이미지에 대해 열거하였다. 이 다섯 가지 속성을 모두 다 이용하여 자신의 이미지를 전달할 수 있는 리더는 많지 않다. 어떤 리더는 호감이 가고 도덕적인 것 같지만 그리 유능해 보이지는 않으며(카터), 어떤 리더는 힘이 있고 위협적인 것 같지만 싫어하는 사람이 많다(스탈린). 또 어떤 리더는 유능한 것 같지만 도덕적인 면이 취약해 보인다(클린턴).

리더십에 대한 자기표현상의 분석을 통해 알 수 있는 것은 단순히 가장한다고 해서 리더가 될 수는 없다는 점이다. 리더의 주요 속성, 즉 유능함, 호감도, 위협감, 도덕성 및 침착성을 실제로 지닌 사람만이 시간이 흘러도 그러한 이미지를 계속 유지할 수 있다. 그리고 더 나아가 그 사람의 개인적 특질이 무엇이든 간에 이미지를 추종자에게 얼마큼이나 잘 전달하느냐에 따라서 리더로서의 성공 여부가 결정되는 것이다.

상대방과의 **유사점**을 **찾아내라**

유사성similarity은 호감을 이끌어내는 가장 강력한 결정인자 가운데 하나이다. 우리는 자신과 유사한 사람일수록 더 긍정적으로 평가하는 경향이 있다. 한 실험에서, 낯선 사람에 대해 피험자가 갖는 호감은 그 사람이 자신과 유사하다고 생각되는 정도에 따라 전적으로 결정되는 것임을 알 수 있었다.

실생활을 살펴보자. 친구를 선택할 때, 우리는 상대방과 자신의 인식된 유사성에 강한 영향을 받는다. 예컨대 가수나 배우, 꽃이나 음악 등, 선호 성향이 자신과 유사한 데이트 상대에게 더 큰 매력을 느끼는 것이다.

유사성은 친밀감을 느끼게 한다

브록Brock 교수는 판매원과 구매자 간의 유사성이 설득력에 미치는 영향에 대한 재미있는 연구를 하였다. 그는 시간제 페인트 판매원을 훈련시켜 이미 구매결정을 내린 고객들을 설득하여 다른 상표의 페인트를 사도록 권고하였다(더 비싼 경우도 있었고, 싼 경우도 있었음). 이때 판매원들이 자신들의 권고를 지지하기 위해 이용한 의사소통의 방법은 두 가지였다.

첫 번째 상황에서는 판매원이 자신도 두 종류의 페인트를 다 사용해보았는데 손님이 선택한 상표보다 다른 상표가 더 좋더라고 말하였다(이 경우에 판매원은 페인트 사용량에 있어 고객과 매우 유사하다고 인식됨). 또 다른 상황에서는, 판매원이 손님이 산 페인트 양보다 20배나 많은 페인트를 최근에 사서 썼는데 다른 상표가 더 좋더라고 말했다(이 경우의 판매원은 전문성은 더 많을지 몰라도 페인트 사용량에 있어서는 고객과는 큰 차이가 있다고 인식됨). 그 결과, 판매원이 고객 자신과 유사하다고 느껴지는 첫 번째 상황에서, 판매원의 권고에 따라 다른 상표의 페인트로 바꿔 사가는 사람이 더 많았다. 즉, 사람들은 자기와 비슷한 처지에 있는 사람의 말을 더 믿는 경향이 있음을 알 수 있다.

공중전화를 걸기 위해 동전을 구하는데 있어, 히피 복장을 한 사람은 히피 복장을 한 사람의 요구를, 정장을 한 사람은 정장을 한 사람의 요구를 더 잘 들어준다는 조사결과도 있다. 또한 보험판매원의 실적에 대한 조사결과를 보면, 판매원이 고객과 나이, 종교, 취미 등이 유사할 때 판매를 더 잘했다. 공통점을 통해 유사성을 찾게 되면, 팔이 안으로 굽는 것이다. 이와 같이, 유사성은 친밀감을 느끼게 하여 설득력이 높아진다.

자신도 상대와 같은 의견을 갖고 있다는 메시지를 보내라

유사성이 유발하는 매력의 효과가 강력함을 감안하면, '좋은' 이미지를 주기 위해 상대방과 유사하게 보이도록 이미지를 관리한다는 사실은 놀랄 만한 것도 아니다.

사람들은 처음 만난 자리에서 고향, 출신학교, 취미, 가족상황 등 여러 가지 질문을 하는데, 부분적으로는 이런 질문이 대화의 토대를 마련하려는 단순한 의도에서 시작되지만, 사실은 서로 간의 유사성을 찾으려고 애쓰는 중인 것이다. 서로에게 호의적인 이미지를 전달하고 싶은 상황에서 그러한 호감을 강화할 수 있는 어느 정도의 유사성을 발견하게 되면, 상호작용은 더욱 원활해진다.

상대방에게 호감을 주려는 사람은 상대방의 의견에 실제 이상으로 동의하는 경향을 보인다. 이를 의견동조opinion conformity라고 하는데, 상대방에게 좋은 이미지를 주고 싶을 때 자신도 상대방과 유사한 의견을 갖고 있다는 메시지를 보내는 전술을 말한다.

어떤 사람과 호흡이 잘 맞는다는 말은 그 사람과 생각의 유사성이 높다는 것을 의미한다. 다시 말해, 출신이나 취미, 생각이나 취향 등, 그 무엇이든 상대방과 유사성이 많은 것처럼 인식되면 좋은 이미지를 형성할 가능성이 증대하여 친밀한 인간관계를 맺고 싶어 한다.

그러므로 사람들은 상대방의 태도나 가치, 행동에 동조함으로써 좋은 이미지를 형성하려 한다. 정치가들 역시 유권자들과 유사한 점을 드러내는 것이 얼마나 중요한지 잘 알고 있다.

대부분의 유권자들이 중산층이라는 점에 착안한 정치가들은 자신이 중산층이고, 중산층의 가치관을 지니고 있으며, 중산층과 같이 행동하는 것처럼 가장한다.

2000년 미국 대통령 선거 당시, 부시 후보는 카우보이 모자에 부츠

를 신는 등, 평상복을 자주 입고 나타나 친근감을 불러일으켰다. 반면, 엘 고어 후보의 경우 미국 상류층의 전형적인 엘리트라는 점이 초반에는 도움이 되었으나 선거가 본격화되면서 걸림돌로 작용하였다. 우리나라에서도 1988년 선거 당시, 노태우 대통령 후보가 '보통 사람'이라는 구호 아래 인기를 모았던 사례가 있다.

유사성의 법칙이 작용되지 않는 경우도 있다

그런데 유사성의 효과를 획일적으로 답할 수는 없다. 일반적으로, 의견opinion은 유사한 사람이 주었을 때 더 효과가 있으나, 사실fact은 이질적인 사람이 주었을 때 더 효과가 있다는 것이다. 다시 말해, 어떤 입증할 만한 정답이 없는 경우에는 유사한 발신인이 사람들에게 더 자신감을 불러일으키게 된다. 예를 들어 벤츠와 볼보 가운데 어떤 차의 모양이 더 멋있느냐는 의견을 묻는다고 하자. 만약에 응답자가 볼보가 더 멋있다고 생각한다면 응답자와 이질적인 일본인 관광객보다는 응답자와 유사한 사람, 예컨대 친한 친구가 그렇게 얘기했을 때 자신의 의견에 더 자신감을 갖게 될 것이다.

하지만 그 질문이 어떤 입증할 수 있는 사실에 관한 것이라면 오히려 유사하지 않은 발신인의 말과 합치될 때 더 자신감을 갖게 된다. 예를 들어 벤츠와 볼보의 토크torque 수준을 비교할 경우에는 친한 사람의 말과 일치할 때보다 이질적인 사람의 말과 일치할 때 그 신뢰도가 더 큰 것이다. 내가 모르는 것을 나와 유사한 사람이 알 리 없다고 생각할 뿐더러 다른 정보 원천을 가지고 있는 사람의 말이 더 의미 있게 받아들여질 수 있기 때문이다.

유사성의 법칙을 적용하지 않으려는 상황도 있다. 예를 들어 상대방을 회피하거나 멀리하고 싶을 때는 유사성을 표현하는 대신 이질성을 강조할 수 있다.

또한, 다른 사람에게 쉽게 흔들리지 않고 줏대가 있으며 자율적이라는 이미지를 주기 위해 이질성을 강조하기도 한다. 다른 사람의 의견에 동조하는 경향이 너무 강하면, 무성의하거나 거짓말을 하고 있다고 인식되어 오히려 부정적인 이미지를 줄 수도 있기 때문이다.

적극적으로 자신을 표현하라

좋은 친분관계나 일자리, 급료 인상 등과 같이 자신이 바라는 성과를 취득하기 위해 이미지 관리를 하는 것은 당연하다. 그런데 때로는 다른 사람의 판단에 영향을 미치거나 특정한 이미지를 형성할 만한 직접적인 이유가 없는 상황에서도 이미지 관리를 하게 된다.

누구라도 한번쯤은 사회적·경제적·물질적 보상을 해줄 수 없는, 즉 나와 아무런 상관이 없는 완벽한 이방인 앞에서 자신이 왜 바보같이 행동했을까 하고 자책해본 적이 있을 것이다. 사람들이 이처럼 이미지를 걱정하는 데는 상대방에게 영향을 미치고자 하는 이유 외에 또 다른 이유가 있는 것으로 보인다.

사람들은 필요 없을 때도 이미지 관리를 한다

해변에 놀러가보면, 다른 사람들 앞을 지날 때마다 상체를 살짝 구부려 가슴의 근육을 만들어 보이거나 아랫배에 힘을 주어 집어넣는 사람들을 볼 수 있다. 사실 사람들은 우연히 지나치게 된 다른 사람들에 대해 전혀 아는 바가 없으며, 알려고 하지도 않는다. 그냥 스쳐 지나갈 뿐이다. 그런데도 타인들이 자신에 대해 갖게 될 이미지에 신경을 쓰는 것이 분명하다. 심지어 수영장에서는 수영모와 물안경을 쓰고 머리를 물속에 담근 채 수영하기 때문에 얼굴을 전혀 알 수 없는데도 물 밖의 남의 시선을 의식하여 팔 자세에 신경 쓰는 것이 인지상정이다.

상대방이 자신에게 갖는 이미지가 아무런 영향력을 갖지 못하는 상황에서도 자기표현을 하게 되는 이유로 다음의 세 가지를 들 수 있다.

첫째, 자기표현상의 성공 경험이 '자존감self esteem'을 높이고 기분을 좋게 하는 데 반해, 자기표현상의 실패는 자존감을 저하시키고 부정적인 감정 반응을 유발시킨다. 사춘기처럼 감성이 예민할 때 이성 친구 앞에서 바보스러운 모습을 보였다고 생각이 되면, 상대방의 자신에 대한 인식은 둘째고 자기 스스로에 대한 인식에 손상을 입게 된다. 반면에 상을 받게 된다면, 나에 대한 타인의 인식이 고양됨과 동시에 자기 평가와 기분 역시 긍정적인 방향으로 상승된다.

이러한 과정이 거듭되면서, 사람들은 자신이 바람직한 이미지를 남겼다고 생각하면 자동적으로 긍정적인 감정을 경험하게 되고, 자신이 바람직하지 않은 이미지를 남겼다고 생각하면 자동적으로 부정적인 감정을 느끼도록 조건형성이 되어 있는 것이다.

누구든지 지난날을 되돌아보면, 부정적인 이미지를 남겼던 일들이 비웃음, 처벌, 실패 등 부정적인 경험을 유발시켰던 기억을 떠올릴 수 있다. 결과적으로 우리는 자기표현상의 실패를 불쾌한 감정과 연관시키고 있다.

　　상대방의 반응에 영향을 받을 이유가 전혀 없는데도 이미지 관리를 하게 되는 두 번째 동기는, 자기표현을 함으로써 자신의 '개인적 정체성personal identity'을 구축하고 유지할 수 있다는 데 있다. 사람들은 특정한 정체성을 얻기 위해서 그 정체성에 적합한 방식으로 행동하게 된다. 한 개인이 자신을 특정한 종류의 사람으로 표현하고자 한다면, 그러한 종류의 사람으로서 일관된 행동을 연기하려 한다.

　　수련과정을 마치고 의사로 처음 부임한 사람은 의사로서의 이미지를 연기함으로써 자신의 새로운 정체성을 확고히 할 수 있다. 자신에 대한 새로운 이미지를 표현해보면서 자기 개념의 변화를 일으킬 수 있는 것이다. 이럴 때 자기표현은 새로운 역할을 자신의 것으로 받아들이도록 돕는다. 나아가 다른 사람들로부터 의사의 특질을 가지고 있다고 인정받게 되면 그는 자신이 의사의 특질들을 진정으로 소유하고 있다고 믿게 될 것이다.

　　대학에 갓 들어온 남학생들은 성인의 이미지를 주려는 행동들을 시도하는데(이 과정을 '표시화signification'라고 한다), 대표적인 것이 흡연이다. 처음부터 담배 그 자체가 좋아서 피우는 사람은 거의 없다. 성인의 흉내를 내며 폼으로 한두 번 피우다가 습관이 되는 것이다. 담배를 잘 안 피우는 신입생들도 미팅에 참여해서는 담배를 피우는 경우가 흔하다.

별 영향력이 없을 것처럼 보이는 상황에서도 사람들이 이미지 관리를 하는 세 번째 이유는, 자기표현이 이미 잘 '체득된 습관acquired habit'이어서 자신에 대한 다른 사람의 생각이 별로 중요하지 않은 순간에도 이에 대해 무심하기가 쉽지 않다는 것이다.

아주 어린 나이부터 사람들은 부모와 선생님, 또래들을 비롯한 타인들이 나에 대해 갖고 있는 이미지가 우리의 행복에 많은 영향을 끼친다는 것을 배운다. 어린 시절부터 다른 사람들의 생각에 대해 고려하는 것을 배우므로, 다른 사람들이 부적절하거나 바람직하지 못하다고 여기는 행동을 아무 거리낌 없이 저지르기란 좀처럼 쉽지 않다.

자기표현이 매우 중요하게 작용하는 경우가 많기 때문에, 별로 중요하지 않은 순간이라 할지라도 이미지를 관리해야 한다는 압력에서 자유롭지 못한 것이다.

항상 이미지를 관리하라

긍정적인 혹은 부정적인 이미지를 형성하는 행동들은 자존감과 감정 상태의 변화를 유도하기 때문에 우리는 다른 사람이 자신에 대해 가질 생각을 상상하는 것만으로도 영향을 받을 수 있다. 해변에서 우연히 지나치던 사람이 나의 쑥 나온 똥배나 축 처진 엉덩이를 보고 비웃을 거라는 생각만으로도 상처를 입게 되는 것이다.

우리가 형성하는, 정확히 말하자면 우리가 형성했다고 생각하는 이미지는 우리의 자존감과 감정에 영향을 미치기 때문에 이미지 형성의 실제적 이유가 전혀 없는 순간에도 사람들은 이미지 관리를 하려고 한다.

요약컨대, 사람들은 어떤 상황에서든 이미지 관리를 한다. 이미지 관리는 쓸데없는 일이거나 유치한 것이 아니라, 유연하고 성공적인 사회 상호작용에 있어 필수적 요소이다.

남들이 보는 나는 내가 생각하는 나의 실체와 다르다. 그들은 내가 그들에게 남기는 이미지에 반응을 하고 그 이미지로 나를 평가한다. 결국 우리는 자신이 남에게 전달하는 이미지만큼의 대접을 받고 사는 것이다. 그러므로 나의 이미지를 어떻게 전략적으로 전달할 것인지 고민할 필요가 있다.

SECRET CODE of MARKETING